Inhalt

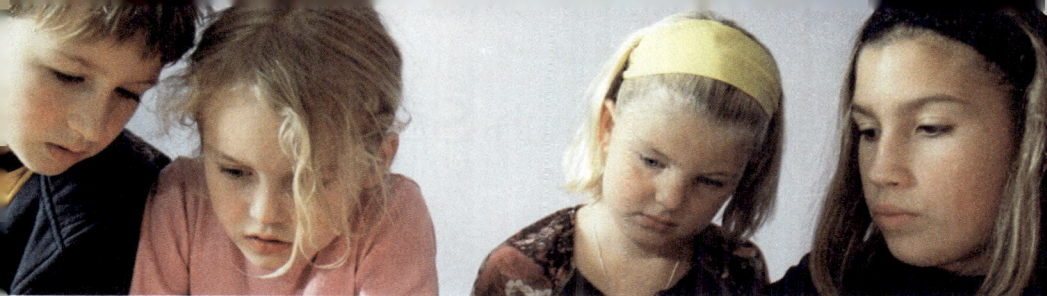

Vorwort

Unglaublich viele Rechtschreibfehler in Diktaten und Aufsätzen, Lesen, ohne den Sinn zu verstehen, stockend und mühsam und entsprechend widerwillig, die Hausaufgaben eine einzige Geduldsprobe für Eltern und Kind – diese frustrierenden, entmutigenden Erfahrungen im Umgang mit Lesen und Schreiben sind für nicht wenige Familien tägliche Realität.

Die Eltern versuchen durch größten persönlichen Einsatz, wiederholtes Üben und fortlaufende Kontrolle den Schwierigkeiten ihres Kindes zu begegnen – oft ohne greifbare Erfolge.

Dieser Ratgeber entstand aus unserer langjährigen lern- und psychotherapeutischen Arbeit mit Kindern, die Probleme mit der Schriftsprache haben. Er will Ihnen zunächst einmal helfen, Lese-Rechtschreib-Schwierigkeiten zu erkennen. Zahlreiche praxiserprobte Tipps erleichtern es Ihnen dann, Ihr Kind zu Hause beim Lesen- und Schreibenlernen zu unterstützen. Hinweise für ein konstruktives und förderliches Gespräch mit Lehrkräften können die manchmal schon konfliktreiche Beziehung zwischen beiden Seiten verbessern und Missverständnisse abbauen. Wenn Sie wissen, welche Rechte Sie und Ihr Kind haben und wo und wie Sie zusätzliche fachliche Unterstützung erhalten, können Sie Ihr Kind in seiner Lernentwicklung und Persönlichkeitsentfaltung bestmöglich fördern.

LRS ist kein Schicksal – je früher geholfen wird, desto rascher lassen sich die Probleme lösen.

Aller Anfang ist schwer

Endlich – der erste Schultag ist da. Seit Wochen fiebert die ganze Familie ihm entgegen. Die Einschulung bildet einen wichtigen Einschnitt, sie ist oft Anlass zur Freude und zumeist mit hohen Erwartungen verbunden. Aber Eltern und Schulneulinge werden auch vor neuartige, anstrengende Aufgaben gestellt. Freude und Frust gehören zum Schulalltag.

Es ist nur zu verständlich, wenn ein Kind zu Beginn seiner Schulzeit Schwierigkeiten mit den Buchstaben hat. Denn es gibt keinen logischen Zusammenhang zwischen Laut und Zeichen, so dass Buchstaben und Buchstabenverbindungen nicht sofort sicher gespeichert und den falschen Lauten zugeordnet werden können. Die für das Schreiben notwendigen feinmotorischen Fertigkeiten sind im Einschulungsalter noch in Entwicklung. Den Erstklässlern wird zudem ein hohes Abstraktionsniveau abverlangt, obwohl sie noch im konkreten, bildhaften Denken verhaftet sind. Deswegen ist es kein Grund zur Beunruhigung, wenn Ihr Kind auf die Frage „Welches Wort ist länger – Kuh oder Mäuschen?" antwortet: „Kuh!"

Sowohl typische Rechtschreibfehler wie die Verwechslung von *b* und *d* als auch die Vertauschung von Buchstabenabfolgen, zum Beispiel *sit* statt *ist*, sind in den ersten Monaten nach der Einschulung normal. Jedes Kind muss erst lernen, An-, In- und Endlaute herauszuhören. Die Fähigkeit, den Buchstaben oder die Buchstabenkombination am Wortanfang, im Wortinnern oder am Wortende zu hören, verlangt beständiges Üben, und allmählich erwächst daraus eine Vertrautheit mit Schrift und Sprache. Zudem ist der Wortschatz in den Erstlesefibeln für sechs- bis siebenjährige Kinder bisweilen wenig attraktiv und das Nachfahren von Buchstaben und reihenweise Ausführen von Schwungübungen wirklich langweilig.

Zu allem Überfluss werden dann auch noch mehrere für sich schon schwierige Forderungen gleichzeitig gestellt: Die Jungen und Mädchen sollen schnell, schön und richtig schreiben. Ihr individuelles Bemühen um eine ansprechende Form der Buchstaben und Wörter wird kaum berücksichtigt, sondern oft mit Kommentaren wie „du sollst nicht so malen, das muss schneller gehen, schreibe gleichmäßiger, bleibe auf der Linie" im Keim erstickt.

Das zweischneidige Lob nach dem Motto „gut gemacht, aber ..." kann den Lerneifer eines Kindes in Verbindung mit der hohen Komplexität schnell ausbremsen.

Wenn die Schüler und Schülerinnen andererseits gemeinsam mit Eltern, Erziehern und Lehrern den Stress beim Lesen- und Schreibenlernen bewältigen, dann sind sie gut vorbereitet auf Schwierigkeiten in ihrem

Textbeispiele aus Fibeln:
Bille komm
Oma komm
O Bobbel komm
Komm Oma
Komm Bille

weiteren Schulalltag. In der Regel meistern Kinder die Anfangsprobleme durch liebevolle Unterstützung, Geduld, Lob und Ermutigung, aber in manchen Fällen benötigen sie zusätzliche Hilfen.

by ©Tom

Wann spricht man von Lese-Rechtschreib-Schwierigkeiten?

Hilfe, ich muss vorlesen!

Florian ist ein fröhlicher, aufgeweckter Junge. Nach wenigen Monaten in der ersten Klasse mag er die Schule gar nicht mehr so gern. Er versteht nicht, warum seine Klassenkameraden schon ganze Sätze lesen und Wörter schreiben können, während er noch mühselig versucht, einzelne Buchstaben zu benennen. Wörter sind für ihn Hieroglyphen. Er sitzt unter Hochspannung in der Klasse und hofft, dass er nicht zum Vorlesen aufgerufen wird. Das Abschreiben gelingt ihm fast nie richtig. Seine Lehrerin und die Mutter sagen, das wird schon, er soll sich halt anstrengen, genauer hinschauen und mehr üben.

Das Erlesen von einzelnen Buchstaben oder ganzen Wörtern, die Schwierigkeit, Laute oder Silben miteinander zu verbinden, das Abschreiben von der Tafel – all dies türmt sich für manche Kinder zu einem Riesenproblem auf, ohne dass die Eltern dies schon im Anfangsstadium als besondere Schwierigkeit erkennen könnten. Die Umgebung reagiert leider manchmal wenig verständnisvoll. Das Kind wird dann wahlweise als dumm oder faul abgewertet, als bockig hingestellt oder als Spätentwickler: „Das wächst sich schon aus!" Diese Einschätzung kann ins Auge gehen. Viele Kinder entwickeln mit erstaunlichen Gedächtnisleistungen und Fantasie hervorragende Strategien, damit andere ihre Schwäche nicht bemer-

by ©Tom

ken. Sie lernen kurze Lesestücke auswendig, obwohl sie diese nur einmal gehört haben. In unbekannte Texte, die sie laut vorlesen sollen, setzen sie passende, aber nicht auf dem Papier stehende Wörter ein. Manche Kinder bringen es trotz der gegebenen Lese-Rechtschreib-Schwierigkeiten fertig, geübte kleine Diktate nahezu fehlerlos aufzuschreiben, einige wenige retten sich mit diesen Fähigkeiten sogar über die ersten Schuljahre. Alle denken, das Kind kann lesen und schreiben, und es stimmt nicht!

Wie gesagt, so extrem kommt es selten. Meist bemerken die Eltern das stotternde Lesen und die schlechte Rechtschreibung und sie versuchen, mit Üben und großem persönlichem Einsatz dagegen anzugehen. Häufig entstehen dann Situationen, wie sie eine betroffene Mutter beschreibt.

Tipp

Wenn Ihr Kind gehäuft von Kopfweh oder Bauchschmerzen berichtet oder Ihnen Schlafstörungen auffallen, sind das ernste Zeichen. Sie weisen auf verdeckte Ängste hin. Manche Kinder trauen sich nicht, unangenehme Gefühle auszudrücken, und sagen dann: „Ich habe keine Angst, mir ist nur schlecht." Gehen Sie der Ursache auf den Grund – vielleicht stecken Schwierigkeiten mit dem Lesen und Schreiben dahinter.

Nervenkrieg am Küchentisch

Schon das Zusammensuchen von Heft und Stift und Radiergummi und Buch zerrte an meiner Geduld. Als alles bereit war, klagte Tim über Bauchschmerzen und ging auf die Toilette. Dann konnte es losgehen. Tim soll *viele Blumen schreiben*. Tim schreibt *veile*! Nein, *ie*, kein *ei*, ein langes *ie*. Noch einmal von vorn, erst einmal buchstabieren: *f i e l e*. Richtig, bis auf den ersten Buchstaben. Vogel-*v*? Genau. „Wie geht nochmal das Vogel-*v*?" Ich schreibe das Wort vor. Es steht richtig im Heft – endlich!

Alle Beteiligten fühlen sich vom Hausaufgabenstress zu Recht überfordert.

Nun *Blume*! Tim schreibt *Pume*. Nein, ich spreche ihm das Wort äußerst langsam und überdeutlich vor. Tim lenkt ab, ich ermahne ihn weiterzuschreiben. Da fällt der Stift zu Boden, die Mine bricht wieder ab. Ich brülle: „Reiß dich zusammen!" Tränen rollen, im Heft

> **Tipp**
>
> Eins sollten Sie schon beim geringsten Verdacht auf Lese-Rechtschreib-Schwierigkeiten tun: zum Kinderarzt gehen und prüfen lassen, ob das Kind eine Brille braucht oder nicht richtig hört oder ob eine andere, organisch begründete Lernstörung vorliegt.

steht *Bume*! Schau hin! Was fehlt in diesem Wort? „Ich weiß es nicht!" Wir machen eine Pause, weil sich die Geschwister streiten. Etwas später fangen wir von vorn an. Für die übrigen Hausaufgaben bleibt kaum noch Zeit, zum Spielen erst recht nicht. Der Nachmittag ist um!

Das Erkennen von Lese-Rechtschreib-Schwierigkeiten ist nicht einfach, die Übergänge sind vor allem anfangs fließend und es gilt, weder zu verharmlosen noch panisch zu werden. Zudem halten Eltern und Lehrkräfte je nach Erfahrungshintergrund das gleiche Verhalten oft in unterschiedlichem Maße für bedenklich. Die Lehrer erfahren häufig erst sehr spät, dass in manchen Familien seit Monaten der Kampf um Hausaufgaben, Lesen und Schreiben tobt und der ganze Nachmittag vom Übungsmarathon aufgefressen wird.

Lernfortschritte sind oft sprunghaft und nicht immer leicht einzuschätzen.

Der Ernst der Lage hängt natürlich von dem Ausmaß und der Häufigkeit der Fehler ab, aber auch davon, wie sehr Kind oder Bezugspersonen unter der Problematik leiden, und nicht zuletzt von der Frage, wie stark die Entwicklungsmöglichkeiten durch die Lese-Rechtschreib-Schwierigkeiten eingeschränkt werden. Wenn trotz zusätzlichen Übens, auch im Rahmen des schulischen Angebots, kaum Fortschritte zu erkennen sind, sollten Sie ohne Scheu den Rat von Fachleuten hinzuziehen. Schulpsychologen zum Beispiel können die Schwierigkeiten beurteilen und bei der Entscheidung helfen, welche Maßnahmen geeignet sind. Aber was für Schwierigkeiten sind noch „normal" und wo fangen Lese-Rechtschreib-Schwierigkeiten an? Die Checkliste gibt erste Hinweise. In den folgenden Kapiteln finden Sie nach einem Einblick in die Hintergründe viele konkrete Tipps, wie Sie das Problem angehen können, welche Hilfen sinnvoll sind und wo Sie sich Unterstützung holen können.

Was deutet auf Lese-Rechtschreib-Schwierigkeiten hin?

- Liest Ihr Kind sehr stockend oder ratend?
- Lässt es einzelne Buchstaben, Silben oder ganze Wörter aus?
- Setzt es manchmal Fantasiewörter ein?
- Hat es Schwierigkeiten, den Sinn zu verstehen?
- Verdreht oder vertauscht es Buchstaben beim Lesen oder beim Schreiben?
- Macht es viele Rechtschreibfehler?
- Schreibt oder liest es nie freiwillig?
- Ist es beim Lesen oder Schreiben sehr unkonzentriert und unaufmerksam?
- Sitzt es verträumt vor seinen Aufgaben oder zappelt es ständig herum?
- Geht Ihr Kind ungern in die Schule?
- Dauern die Hausaufgaben viel zu lange?
- Zeigt Ihr Kind wenig Ausdauer beim Lesen oder Schreiben?
- Wirkt es verkrampft oder stark angespannt?
- Reagiert es schnell weinerlich oder aggressiv?
- Klagt Ihr Kind öfter über Bauchweh oder Kopfschmerzen?

Wenn Sie mehrere Fragen mit Ja beantworten, könnte es sinnvoll sein, einen Schulpsychologen aufzusuchen.

Hintergründe und ein bisschen Theorie

Im Dschungel der Fachbegriffe

Neben dem Ausdruck Lese-Rechtschreib-Schwierigkeiten schwirren noch einige andere Begriffe durch die Literatur. Sie bezeichnen teils gleiche, teils verwandte Sachverhalte und sie können recht verwirrend sein:

- Legasthenie
- Dyslexie
- Leseschwäche
- Rechtschreibschwäche
- Lese-Rechtschreib-Schwäche
- Lese-Rechtschreib-Störung
- isolierte Lesestörung
- isolierte Rechtschreibstörung
- Teilleistungsschwäche oder -störung
- Lese-Rechtschreib-Schwierigkeiten

Lese-Rechtschreib-Schwierigkeiten werden oft unter dem Fremdwort Legasthenie abgehandelt. Wörtlich übersetzt heißt das Leseschwäche, streng genommen ist die Rechtschreibschwäche also nicht darin enthalten. Der Begriff „Legasthenie" wurde gern und ausgiebig in den siebziger Jahren verwendet, einer Zeit, in der das Phänomen in das Blickfeld der Wissenschaftler rückte. Inzwischen ist er veraltet, weil ihm ein medizinisches Modell zugrunde liegt, das die Ursachen ausschließlich beim Kind selbst vermutet. Angeborene oder nach der Geburt erworbene Schwächen in der Denk- und Lernfähigkeit sollten für die Schwierigkeiten, Lesen und Schreiben zu lernen, verantwortlich sein. Die verschiedenen Ausprägungen kommen in dem Begriff nicht zum Ausdruck, und die Wechselwirkungen mit psychischen Begleitsymptomen bleiben außen vor.

Das Kreuz mit den Buchstaben tritt in drei Hauptformen auf:

- Das Kind liest flüssig, in angemessenem Tempo und überwiegend fehlerfrei, erfasst auch den Sinn, aber es steht mit der Orthographie auf Kriegsfuß (isolierte Rechtschreibschwierigkeiten).
- Das Kind liest sehr stockend, rät mehr als es liest und liest nie freiwillig, beherrscht die Rechtschreibung aber ganz gut (isolierte Leseschwierigkeiten).
- Das Kind hat beim Lesen und beim Schreiben auffallend große Schwierigkeiten (Lese-Rechtschreib-Schwierigkeiten).

Heute sind die beschreibenden Begriffe „Schwäche" oder „Störung" die Regel. Umgangssprachlich, aber auch in der Literatur oder den Schulerlassen wird der Begriff „Legasthenie" mit den Begriffen „Lese-Rechtschreib-Schwäche" und „Lese-Rechtschreib-Störung" gleichgesetzt. In diesem Buch ist von Lese-Rechtschreib-Schwierigkeiten die Rede, gelegentlich mit LRS abgekürzt. Die Autorinnen haben sich für diesen Begriff entschieden, weil auch der Begriff „Schwäche" die Ursache einseitig einem Unvermögen des Kindes zuschreibt. In ihrer therapeutischen

Lese-Rechtschreib-Schwierigkeiten sind völlig unabhängig von der Intelligenz eines Kindes.

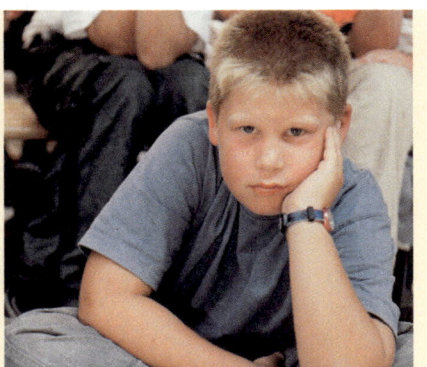

Entscheidend für die Bewältigung der Probleme sind neben dem individuellen Schweregrad vor allem die psychischen Begleitsymptome. Ist ein Kind in seinem Denken, Fühlen, Verhalten beeinträchtigt oder zeigt es gar bereits erste körperliche Symptome?

13

Arbeit mit Kindern und Jugendlichen haben sie die Erfahrung gemacht, dass die Schwierigkeiten im Lesen und Schreiben von einer leichten Schwäche bis hin zu einer massiven Störung reichen.

Es stimmt also nicht, dass Leseratten automatisch weniger Rechtschreibfehler unterlaufen. Lesen und Schreiben sind voneinander unabhängige Fähigkeiten. Auch müssen wir der landläufigen Verknüpfung von Klugsein und der Fähigkeit, richtig zu lesen und zu schreiben, entschieden widersprechen. Wenn Ihr Kind große Schwierigkeiten im Lesen oder Schreiben zeigt, heißt das noch lange nicht, dass es weniger intelligent ist. Manchmal gilt sogar das glatte Gegenteil: Gerade besonders intelligenten Menschen gelingt es besonders lange, durch ausgezeichnete Gedächtnisleistungen und kreative Strategien ihre Probleme zu verbergen. Es ist gar nicht so selten, dass das Problem erst mit der Benotung ab der dritten Grundschulklasse oder sogar erst nach dem Übertritt auf eine weiterführende Schule auffällt. Eine bereits früh erkennbare Rechtschreibeschwierigkeit zeigt das folgende Beispiel:

Diktiert wurde: „Ein neues Schuljahr fängt an. Wir sind nun in der zweiten Klasse. Darum haben wir auch andere Bücher. Wir müssen sie einbinden. Unsere Hefte haben kleinere Zeilen."

Schreiben lernt man nicht beim Lesen.

larina

Ei nie Schgälhnrfanf
Wis sie Usnn wis swta
Lasse. Kanin kWiea üd Büchr.
Wis ssnaeib in aieb.
Diss Kärne nun Lein.

Milch

Linkshändigkeit ist keine Ursache für Lese-Rechtschreib-Schwierigkeiten!

Keine Untersuchung belegt, dass überdurchschnittlich viele Linkshänder mit Lese-Rechtschreib-Schwierigkeiten kämpfen.
Ist Ihr Kind Linkshänder, sollten Sie Folgendes berücksichtigen:

- Linkshänderfüller benutzen
- Lichteinfall von rechts
- der Sitzplatz in der Schule sollte stets links sein
- Schreibhand von unten zur Zeile führen (damit das Geschriebene nicht verdeckt oder verwischt wird)
- Heft links vom Körper in schrägem Winkel nach links hinlegen (damit der Schreibarm genügend Bewegungsfreiheit hat)

Erdbeermilch

Charakteristische Rechtschreibfehler

Lese-Rechtschreibschwierigkeiten zeichnen sich nicht durch eindeutig benennbare und wissenschaftlich belegte Rechtschreibfehler aus. Allerdings lassen sich bestimmte Häufungen und Schwerpunkte erkennen.

Eine Gruppe von Schwierigkeiten ergibt sich aus der nicht ausreichend entwickelten Fähigkeit, Laut und Zeichen einander zuzuordnen und Wörter so durchzugliedern, dass man die korrekte Abfolge der Buchstaben schreiben kann. Es gibt Kinder, die immer wieder bestimmte Buchstaben verwechseln – meist die Konsonanten b/p, b/d, g/k und d/t – und hartnäckig *Leden* statt Leben, *Pume* statt Blume, *leken* statt legen oder *dunde* statt bunte schreiben. Außerdem fällt es ihnen schwer, mehrere Mitlaute nacheinander zu erfassen. Dann steht *Kach* statt Krach, *Bot* statt Brot, *füchten* statt fürchten im Heft. Bei längeren Wörtern misslingt ihnen die Reihenfolge meistens und aus Unterricht wird *uterch,* aus aufmerksam *aumersanm.*

Welche Zeichen zu welchem Laut in welcher Abfolge?

Die andere große Gruppe von Rechtschreibschwierigkeiten sind Regelverstöße. Das Kind hat kein Bewusstsein für Groß- und Kleinschreibung, Zusammen- und Getrenntschreibung, Dehnungen und Dopplungen. Es schreibt *one* statt ohne, *felt* statt fällt, *das Schwarze pfert, gehfaren, ab laufen, Schul Klasse, Arbeits Welt.*

Hinter solchen Falschschreibungen stecken sehr wohl logische Überlegungen. Wenn Sie Ihren Sohn oder Ihre Tochter fragen, warum sie das Wort genau so geschrieben haben, erhalten Sie wichtige Hinweise: *Frost* schreibt man klein, weil es von *kalt* kommt, und *kalt* ist ein Eigenschaftswort. Es ließen sich noch viele andere Beispiele anführen. Einen Überblick über die wichtigsten regelhaften Rechtschreibphänomene finden Sie auf Seite 90.

Rechtschreibregeln: nicht leicht zu lernen.

Erlernt ein Kind die ersten Regelschreibweisen, wendet es diese in möglichst vielen Fällen an und erklärt die Schreibung *das Schöne haus* zum Beispiel so: „Wenn vor einem Wort ein Artikel steht, schreibe ich es groß." Andere für falsche Zuordnungen typische Fehler sind *vür* statt für, *mier* statt mir, *spühlen* statt spülen oder *schläppen* als Ableitung von schlapp.

Lesefehler

Erwachsene können oft kaum noch ermessen, welche ungeheure Leistung das Lesen ist. Versuchen Sie – ohne auf den Originaltext zu schauen – das folgende Beispiel sinnerfassend zu lesen, um sich in die Schwierigkeiten eines Anfängers hineinzuversetzen:

> Schneepuppe f-f-f-a-l-t von Himmel erad –
> schar wuschen ich nir, was ich grene ad,
> devo sei reschilt, sssaust sit es zu stät,
> banit es dest mit im Erfült und ket.

Das können Sie nicht lesen? Für Ihr Kind stellen geschriebene Texte ein ähnliches, scheinbar unüberwindbares Problem dar. Es handelt sich um die von einem Kind mit Leseschwäche vorgetragene Fassung des folgenden Originals:

> Sternschnuppe fällt vom Himmel herab,
> rasch wünsche ich mir, was ich gerne hab,
> bevor sie erlischt, sonst ist es zu spät,
> damit es bestimmt in Erfüllung geht.

Der Vergleich beider Texte enthüllt typische Fehler. Das Kind kann einzelne Buchstaben erkennen und Lauten zuordnen, rät aber anhand einiger Buchstaben ein passendes Wort (Schneepuppe statt Sternschnuppe) und versucht, ihm bekannte Grundwörter aneinander zu setzen. Andere Wörter werden Buchstabe für Buchstabe erlesen, ohne den Sinn zu erfassen (*f-f-f-a-l-t*). Häufige Verwechslungen von Buchstaben sind in der folgenden Tabelle zusammengefasst.

Problem	Beispiele	
Umlaute	ä/a	ü/u
gespiegelte Buchstaben	b/d	p/q
gekippte Buchstaben	u/n	a/e
ähnliche Buchstaben	m/n	f/t

Daraus erklärt sich, warum Ihr Kind unter Umständen *banit* statt *damit* liest. Die Verbindung von Buchstaben zu der nächstgrößeren Einheit – den Silben und einsilbigen, häufig vorkommenden Wörtern wie *ist, sie, und* oder *ein* – erfordert viel Aufmerksamkeit. Da bleibt so manche Endung auf der Strecke und das Kind liest *erfüllt* statt *Erfüllung*, verkürzt *einer* zu *ein, sagte* zu *sagt*.

Nicht nur die Buchstaben, auch das Wandern des Blicks von links nach rechts ist für das Lesen entscheidend. Auch hier ist die Eingewöhnung ein langwieriger Prozess, der viel Energie bindet. Viele Kinder setzen in dem Bemühen, möglichst rasch ein Wort als Ganzes zu erkennen, einzelne Buchstaben oder Silben aus der Mitte an den Anfang oder lesen unwillentlich und unwissentlich von hinten nach vorne. Völlig auf die Buchstabenfolgen und Lautzuordnung konzentriert, bleibt ihnen keine Kraft mehr, um den Sinn zu verstehen. Übrigens machen wir Erwachsenen ähnliche Fehler, wenn wir müde oder gestresst sind oder einen fremden Text laut vorlesen sollen.

Unter Stress machen selbst geübte Leser Fehler.

Wie entstehen Lese-Rechtschreib-Schwierigkeiten?

Seit gut vierzig Jahren wird viel über die Entstehung der Lese-Rechtschreib-Schwierigkeiten geforscht. Dabei wurde klar, dass sich nicht eine einzelne Ursache eindeutig und wissenschaftlich belegbar dem Phänomen LRS zuordnen lässt, sondern eine Reihe von Bedingungen das Auftreten von Lese-Rechtschreib-Schwierigkeiten begünstigen. Dazu gehören:

- verzögerte oder gestörte Sprachentwicklung,
- Wahrnehmungsstörungen,
- Aufmerksamkeitsstörungen,
- grob- oder feinmotorische Schwächen sowie
- genetische Veranlagung.

Es gibt Kinder mit LRS, deren frühkindliche Entwicklung problemlos verlaufen ist.

Es besteht jedoch kein zwingender unmittelbarer Zusammenhang zwischen diesen Punkten und den Lese-Rechtschreib-Schwierigkeiten. Es gibt Kinder mit den genannten Auffälligkeiten, die nicht noch zusätzlich mit Lese-Rechtschreib-Schwierigkeiten kämpfen müssen.

Phonologische Bewusstheit

Der neueste Erklärungsansatz sieht die Hauptursache in den außerordentlichen Schwierigkeiten, die manche Kinder bei der Zuordnung von Laut und Zeichen haben. Die Fachleute sprechen dann von mangelnder phonologischer Bewusstheit. Beim Lesen muss jeder Buchstabe oder eine Buchstabenkombination – *sch* zum Beispiel – in einen Laut umgewandelt werden, beim Schreiben jeder Laut in einen Buchstaben. Schlägt diese Zuordnung fehl, ist der Zugang zur Schriftsprache verbaut. Die Kinder können gedruckte oder gesprochene Worte nicht in die richtige Abfolge von Lauten zerlegen und erkennen im gesprochenen Wort nur mit Mühe einzelne Laute oder Silben. Es fällt ihnen schwer, ähnlich klingende Laute und ähnlich aussehende Buchstaben zu unterscheiden. Mit anderen Worten: Die Art, wie sie sprachliche Informationen verarbeiten, ist gestört. Inzwischen lässt sich die Anlage zu solchen Defiziten mit verschiedenen Tests bereits im Kindergartenalter feststellen.

Es gibt keine typischen „Legastheniker"-Fehler. Kinder, die Schwierigkeiten haben, Lesen und Schreiben zu lernen, machen mehr Fehler als andere, brauchen mehr Zeit und daher eine besondere, auf ihren Lernprozess abgestimmte Förderung.

Aber es wäre zu einfach, wenn man die Lese-Rechtschreib-Schwierigkeiten allein auf die Sprachverarbeitung im Gehirn reduzieren wollte. Auch die Bedingungen, unter denen die Kinder in der Schule und zu Hause Lesen und Schreiben lernen, spielen eine große Rolle. Jeder Erstklässler bringt seine eigenen Erfahrungen mit. Während einige Kinder schon ihren Namen schreiben, einzelne Buchstaben des Alphabets benennen oder sogar kleine Texte lesen können, fällt es anderen schwer, einen Stift richtig zu halten. Sie haben schon im Kindergarten nicht gern gemalt oder mit der Schere etwas ausgeschnitten. Wenn diese Unterschiede in der Schule nicht berücksichtigt werden, sind Misserfolge vorprogrammiert. Auch sollte der Unterricht in der ersten und zweiten Klasse unbedingt die drei wichtigsten Sinne ansprechen. Kinder müssen Lerninhalte sehen, hören und fühlen können.

Manche Kinder haben Mühe, sprachliche Informationen zu verarbeiten. Wie versteht sich Ihr Kind mit seiner Lehrerin oder seinem Lehrer? Erfährt es viel Lob, Unterstützung und Ermutigung? Oder wird die Beziehung durch kritische, abwertende Bemerkungen geprägt? Fühlt sich Ihr Kind von der Lehrkraft zurückgewiesen? Eine liebevolle Beziehung ist besonders in den ersten Schuljahren entscheidend für Lernerfolge.

Das gilt natürlich nicht nur für die Schule, sondern erst recht für zu Hause. Familiäre Konflikte können ein Kind darin behindern, sich in der Schule zu entfalten. Familienkrisen rauben ihm Energie, und darunter leidet nicht zuletzt seine Aufmerksamkeit im Unterricht. Es sind nicht nur offene Auseinandersetzungen, etwa eine Scheidung, die ein Kind stark beeinträchtigen, sondern auch schwelende Konflikte oder zu hohe Erwartungen.

Wie erlebt ein Kind die Lese-Rechtschreib-Schwierigkeiten?

Wie ein Kind seine schulischen Erfolge und Misserfolge erlebt, das hat viel damit zu tun, wie Sie selbst damit umgehen. Versuchen Sie, sich selbst gegenüber ehrlich zu sein und zu klären, wie Sie auf Ihr

Kind zugehen: Mit welchen Gefühlen erinnern Sie sich an Ihre Schulzeit? Welche Entwicklung haben Sie bei der Einschulung von Ihrem Kind erwartet? Wie reagieren Sie, wenn Sohn oder Tochter sich mit dem Lernen sehr schwer tut, schlechte Noten mitbringt oder die Hausaufgaben nicht machen will? Klären Sie Ihre eigene Einstellung, Ängste und Hoffnungen für sich. Vieles scheinbar Selbstverständliche lohnt einen zweiten Blick, und ob Sie es nun wollen oder nicht – Ihre innere Haltung der Schule und dem Lernen gegenüber „färbt" auf Ihre Kinder ab.

Gerade Kinder mit schwierigen Leistungen brauchen eine förderliche Umgebung.

Beim Diktat flippe ich aus ...

Als Jonas mit seiner LRS-Therapie begann, besuchte er die vierte Klasse. Zu diesem Zeitpunkt hatte er in der Schule bereits viele Misserfolge erlebt. Bei seiner ersten Therapiestunde wirkte er sehr ängstlich, Fragen zur Schule konnte er ohne Hilfe seiner Mutter nicht beantworten. Bei allem, was mit Lesen und Schreiben verbunden war, blockte Jonas sofort ab. In der Schule brachte er es nie auf vollständige Hefteinträge. Die Lehrerin bot ihm an, er könne sie zu Hause nachholen. Jonas wertete diese Nacharbeit als Strafe, und am Ende hatte er von vierzig Hefteinträgen nur sieben geschafft. Lieber hätte er alles mündlich gesagt, statt zu schreiben. „Meine Finger werden so kribbelig." Außerdem wusste er gar nicht, was er aufhatte. Jeden Tag musste er zu einer Mitschülerin gehen und danach fragen. Zu Hause

„Beim Diktat schwitzen meine Hände so doll."

zurück, legte er die Hefte auf den Tisch und vergaß sie. Aber auch am Spielen hatte er keine richtige Freude, sondern Bauchgrimmen und ein schlechtes Gewissen.

In der Therapie konnte Jonas seine Nöte, Ängste und Gedanken in Bezug auf die Schule erzählen. Er schilderte sie sehr genau: „Wird in der Schule ein Diktat geschrieben, schwitzen meine Hände, die Arme zittern und tun ziemlich schnell weh. Weil ich den Stift so fest halten muss, tun mir meine Finger weh. Sobald ich nur das Wort *Diktat* höre, denke ich, warum das schon wieder? Hoffentlich komme ich mit! Ich darf höchstens zwei Wörter auslassen, drei sind schon zu viel. Die Lehrerin darf mich zwar nicht benoten, aber heimlich macht sie es ja doch! Wenn ich vorher schon einen Eintrag schreiben musste und dann danach noch ein Diktat kommt, flippe ich aus und schmeiße alle Sachen von meinem Tisch."

An diesem Beispiel können Sie anschaulich miterleben, in welchen Nöten sich Kinder mit Lese-Rechtschreib-Schwierigkeiten befinden. Jonas konnte dem gefürchteten Schreiben nur eine Strategie entgegensetzen: wegrennen, ausweichen, vermeiden. Kein Wunder, dass seine Schreibhemmung bereits stark ausgeprägt und sein Vertrauen in eigene Fähigkeiten äußerst gering war. Zu den bei so viel Frust normalen Gefühlen von Ärger und Wut hatte **Jedes Kind reagiert anders auf Probleme und auf seine Umwelt.** dieses Kind kaum noch direkten Zugang. Die Freude am Lernen und die Bereitschaft, aufmerksam und ausdauernd mit Leistungsanforderungen umzugehen, hatte Jonas im Laufe der vier Grundschuljahre verloren. Jedes Kind geht mit den Frustrationen durch Lese-Rechtschreib-Schwierigkeiten anders um. Manche ziehen sich völlig zurück. Andere werden aufsässig, wieder andere spielen den Klassenclown.

Immer in Bewegung

Markus besucht die zweite Klasse. Er kann keine zehn Minuten ruhig auf seinem Platz sitzen, kippelt mit dem Stuhl, wühlt ständig im Ranzen nach Arbeitsmaterialien oder lässt sie fallen. Bei Stillarbeit sucht er sofort den Kontakt zur Lehrerin und rennt nach vorn. Arbeitsanweisungen scheint er nicht zu verstehen, die Lehrerin ermahnt ihn daher ständig zur Mitarbeit. Je nach Tagesform weigert er sich unter lautem Protest. „Mach ich nicht, ist mir zu doof, langweilt mich!" Markus lenkt sich oft ab oder lässt sich ablenken, jedes nicht zum Unterricht gehörende Ereignis erhält seine volle Aufmerksamkeit. Immer wieder fallen ihm während des Unterrichts wichtige Dinge ein, die er unverzüglich seinen Banknachbarn mitteilt. Bei Hefteinträgen in der Schule oder beim Schreiben zu Hause ahmt er das Tuckern eines Motors oder andere Maschinen nach. Ihm ist die Geräuschkulisse, die er produziert, nicht bewusst. Wird er deswegen ermahnt, schaut er völlig überrascht und schuldlos auf: „Wieso, was habe ich denn gemacht?" Schreibt Markus ein geübtes Diktat, findet er oft sein Heft nicht oder sein Füller läuft gerade aus oder er hat keine Tintenpatrone mehr. Während des Diktats spricht er laut mit, kommentiert sein Schreiben und beeilt sich sehr. Meistens brüllt er dann laut in die Klasse:

„Erster, fertig, weiter!" In der Pause prügelt und streitet er sich oft mit seinen Mitschülern. In seiner Klasse ist er ein Außenseiter. „Ich brauche keine Freunde", sagt er, „die sind doch alle kindisch und blöd!" Auf Strafarbeiten reagiert er vor den Mitschülern cool: „Macht mir doch nichts, Babykram, hab ich gleich erledigt!" Zu Hause bricht er in Tränen aus und sitzt hilflos davor. Wenn ihm etwas nicht auf Anhieb gelingt, verweigert er schreiend jegliches Weiterarbeiten oder schlägt sich mit der Hand fest vor den Kopf und wertet sich selbst ab: „Ich bin so blöd!" Zwischendurch erzählt er heldenhafte Erlebnisse. Sobald seine Mutter den Raum verlässt, steht er auf und spielt. Er braucht meistens den ganzen Nachmittag, um seine Hausaufgaben zu erledigen.

Die Angst vor dem Versagen kann in einen Teufelskreis führen.

Wenn Kinder gut lernen sollen, müssen sie ein gesundes Selbstvertrauen haben, Freude am Lernen und die Zuversicht, dass sie die Aufgaben bewältigen können. Und sie brauchen viel Ausdauer, denn gerade weil das Schreiben und Lesen – auch im besten Fall – eine lange Einübung und viele Versuche verlangt, setzt es die Anfänger etlichen Frustrationen aus. Das wiederum bewältigen sie in den ersten Schuljahren nur, wenn sie vom Lehrer freundlich unterstützt werden und zu ihm Vertrauen haben.

Mit Anstrengung allein ist LRS nicht zu beheben.

Werden sie stattdessen andauernd überfordert und mit Kommentaren wie „streng dich beim nächsten Mal mehr an" gekränkt (denn gerade ein Kind mit LRS strengt sich an und will sein Können unbedingt beweisen), riskiert man schwere Störungen.

LRS in der Schule

In allen Lehrplänen für die Grundschule wird dem Anfangsunterricht im Lesen und Schreiben große Bedeutung beigemessen. Diese beiden Fähigkeiten gehören zu den wichtigsten Kulturtechniken, ohne die man heute kaum noch ein vernünftiges Leben führen kann.

Durch die Rechtschreibeprogramme der PCs und Kommunikationsmittel wie das Telefon ist der Zwang, richtig zu schreiben, inzwischen nicht mehr ganz so ausgeprägt wie früher. **Wie wichtig Lesen ist, war auch vor PISA klar.** Aber ohne Lesefähigkeit wird es bitter. Der Alltag ist für Analphabeten schwierig, von den beruflichen Chancen ganz zu schweigen. In der Schule ist ein Kind mit geringen Lesefähigkeiten nicht nur im Fach Deutsch benachteiligt. In allen Fächern muss man sich Inhalte und Arbeitsanweisungen erlesen, und selbst in der Mathematik werden die Schüler mit Textaufgaben konfrontiert.

Die Voraussetzungen, die jedes Kind bei der Einschulung mitbringt, sind sehr unterschiedlich. Diese Startbedingungen sollten (auch laut Lehrplan) auf jeden Fall berücksichtigt werden. Es sollte ein Lernklima entstehen, in dem jeder Junge und jedes Mädchen Lernerfolge hat. **Geringe Lesefähigkeiten beeinträchtigen Lernerfolge in allen Bereichen und schmälern die Lebensqualität!** Der Lehrer muss dafür sorgen, dass auch Schüler mit besonderen Lernschwierigkeiten mitkommen und über individuell zugeschnittene Maßnahmen gefördert werden. Sie dürfen nicht aus dem Klassenverband ausgegrenzt werden. In Fachliteratur und Schulerlassen wird diese Forderung gern als „Differenzierung im Unterricht" bezeichnet. Das Gegenteil einer solchen Binnendifferenzierung zeigt die folgende Karikatur.

Die Forderung nach individueller Förderung wird in der Praxis oft nicht erfüllt. Der Erstlese- und Schreibunterricht nimmt selten auf die Ausgangsbedingungen der Kinder Rücksicht. Lehrer und Lehrerinnen beklagen die Stofffülle des Lehrplans, der ihnen Lernziele innerhalb eines engen Zeitrahmens vorschreibt, und immer größere Klassen, die es ihnen erschweren, einzelne Schüler genauer zu beobachten und zu fördern.

Jegliches Lernen, somit auch das Lernen von Lesen und Schreiben verläuft in Phasen. Rückschritte gehören ebenso dazu wie das Phänomen, dass der Groschen fällt **Jedes Kind hat sein ganz eigenes Lerntempo.**
und das Kind einen richtigen Schub erlebt. Das Lerntempo ist verschieden, der eine braucht länger, der andere hat weniger Mühe. Aufgaben und Übungsblätter sollten daher je nach Lernstand verändert oder reduziert werden. Diktate könnten durchaus nur zum

> **Tipp**
>
> In der Grundschule können Eltern mit ein wenig Engagement viel für die Leseförderung tun: Bücher für die Leseecke bereitstellen, eine Autorenlesung im Klassenzimmer organisieren oder Buchspenden für die Schulbibliothek sammeln.

Teil oder als Lückentexte diktiert werden. Dies wird erst teilweise in den Schulen berücksichtigt, meist bekommen beispielsweise alle Kinder dieselben Hausaufgaben.

Immerhin wird zunehmend der oben erwähnten phonologischen Bewusstheit Rechnung getragen: Die Zuordnung von Laut und Zeichen wird den Kindern durch Anlauttabellen, Lautketten und andere Hilfsmittel erleichtert. Denn Kinder lernen besser, wenn sie nicht nur hören und sehen, sondern spüren, buchstäblich begreifen. Ihr Denken entwickelt sich vom Konkreten über das Bildhafte bis zum Abstrakten, und auf jeder dieser Stufen bieten sich andere Formen der Vermittlung an.

Fragen Sie den Lehrer nach Lesetipps.

Man kann sie zum Beispiel Bilder von eindeutig erkennbaren Gegenständen einem bestimmten Anfangsbuchstaben zuordnen lassen.

Ganz entscheidend für den Spaß am Lesen und Schreiben ist eine angenehme, entspannte Atmosphäre. In der Grundschule gibt es in den Klassenräumen meistens eine Leseecke. Die Auswahl der Bücher ist leider oft begrenzt und abhängig vom dafür verfügbaren Etat oder vom persönlichen Engagement der Lehrer und Lehrerinnen. Auch der Zustand und die Ausstattung mancher Schulbibliothek weckt nicht gerade die Lesefreude: In kleinen, ungemütlichen Räumen gammeln in ausrangierten Kellerregalen veraltete, stockfleckige Bücher vor sich hin, weil ihre Inhalte an den Interessen der Kinder und vor allem der Jugendlichen völlig vorbeigehen. Im Rahmen der Elternmitwirkung können Sie gemeinsam mit anderen Eltern vielleicht Ideen entwickeln, wie das Lesen in der Schule gefördert werden kann. Vielleicht gibt es einen Förderverein, den Sie unterstützen können? Vielleicht haben Sie Lust und Zeit, als „Lesemutter" oder „-vater" aktiv zu werden? Fragen Sie den Lehrer, die Lehrerin: Vorschläge für eine sinnvolle Unterstützung gibt es sicher genug.

Ist Förderunterricht sinnvoll?

Wenn Sie sich über diesen Punkt konkret Gedanken machen können, gehören Sie schon zu den wenigen Auserwählten: Seien Sie froh. Denn in den meisten Schulen fällt der Förderunterricht wegen Lehrermangel, Krankenstand oder aus anderen Gründen aus. Und es ist keine gute Idee, wenn die Schulen ihn von Müttern durchführen lassen. Der persönliche Einsatz dieser Frauen ist sicher lobenswert, allerdings fehlt ihnen in der Regel die notwendige fachliche Ausbildung.
Die meisten Schülerinnen und Schüler erleben die Zusatzstunden als Strafe. Sie finden in der Regel nach dem regulären Unterricht oder während der Sport- oder Musikstunden statt. Diese wichtigen Fächer ausfallen zu lassen, ist wieder keine gute Idee.
Steht dann eine Lehrkraft vor acht bis zwölf Kindern mit unterschiedlichen Problemen – Lese-Rechtschreib-Schwierigkeiten, Rechenschwäche, Verhaltensauffälligkeiten usw. –, kann sie dem Einzelnen kaum gerecht werden. Weder kennt sie den individuellen Lernstand jedes Kindes noch kann sie in einer Schulstunde jedem eine eigene Aufgabe zuteilen. Deshalb müssen auch die LRS-Kinder Rechnen üben und vorangegangene Unterrichtsinhalte wiederholen, obwohl ihre Probleme ganz woanders liegen. Ein gelungener Förderunterricht will vorbereitet sein.

Welche Fördermöglichkeiten bietet die Schule?

Förderunterricht will geplant sein

Bevor irgendeine Art von Förderung erfolgt, muss herausgearbeitet werden, welche Schwierigkeiten eine Schülerin oder ein Schüler genau hat. Aus der Beschreibung dieser Schwierigkeiten, der Diagnose, lassen sich konkrete, überprüfbare Förderziele ableiten. Regelmäßiger Austausch zwischen Förder-, Klassen- und Deutschlehrer ist ebenso notwendig wie eine intensive Zusammenarbeit mit den Eltern.
Zu Beginn einer schulischen Förderung sollten Kinder und Lehrer die Möglichkeit haben, sich in Gesprächen und Spielen gegenseitig kennen zu lernen. Das schafft eine vertrauensvolle Atmosphäre,

Tipp

Verlassen Sie sich nicht darauf, dass der schulische Förderunterricht, wenn er überhaupt stattfindet, die Lese- und Rechtschreibschwierigkeiten Ihres Kindes beheben wird. Allerspätestens bei gravierenden Auffälligkeiten durch andauernde Misserfolge sollten Sie außerschulische therapeutische Hilfe in Anspruch nehmen.

baut Stress ab und steigert Motivation und Konzentration. Neben konkreten Übungen im Lesen und Schreiben sollten auch allgemeine Arbeits- und Lerntechniken eingeübt werden. Je klein-schrittiger der Unterricht abläuft, desto eher wird Ihr Kind durch Erfolgserlebnisse motiviert und entwickelt Selbstvertrauen. Daher sollten die Lehrer und Lehrerinnen nicht mit Lob und Ermutigung sparen. Gemeinsame, nah an der Erlebniswelt und den Interessen der Schüler angesiedelte Projekte eignen sich gut für Übungen im freien Schreiben und Lesen. Wechselnde Materialien und Übungsformen und der sinnvolle Einsatz von Medien ermöglichen erfolgreiches Lernen mit allen Sinnen.

Frühzeitig mit den Lehrern reden

In einigen Schulen werden Sie engagierte und informierte Lehrkräfte antreffen, die aufgrund von Aus- und Weiterbildung Erfahrung auf dem Gebiet der Lese-Rechtschreib-Schwierigkeiten haben. Das ist für Ihr Kind natürlich ideal. Hier ist eine enge Zusammenarbeit die beste Wahl. Andere Lehrer sagen von sich selbst, dass sie für dieses Problem in ihrer Ausbildung nicht ausreichend vorbereitet wurden und dass sie deswegen nicht genau wissen, wie LRS zu diagnostizieren und zu beheben ist. Wichtig ist, dass sie trotzdem aufgeschlossen sind und für Ihre Sorgen bezüglich der Lese- und Rechtschreibe-Leistungen Ihres Kindes ein offenes Ohr haben. Auch in diesem Fall ist eine enge Zusammenarbeit die beste Wahl, mit dem Unterschied, dass auf Sie mehr Arbeit zukommt.

Stimmen Sie Unterstützungsmaßnahmen mit dem Lehrer Ihres Kindes ab.

In jedem Fall gestaltet sich das Verhältnis zu dem Lehrer unbelasteter, wenn Sie ihn möglichst frühzeitig hinzuziehen. Solange die Lernprobleme Ihres Kindes sich noch nicht verfestigt haben, können Sie viel unbeschwerter darüber reden.

Hannah hat Bauchweh

Jeden Morgen klagt die achtjährige Hannah über Bauchschmerzen und möchte zu Hause bleiben. Der Arzt findet nichts. Hannahs Mutter fragt vorsichtig: „Macht dir etwas in der Schule gar keinen Spaß?" Hannah berichtet zögerlich, dass sie fast jeden Tag in der Schule laut vorlesen müsse. Jedes Mal hofft sie inständig, dass sie nicht aufgerufen wird, weil sie doch so schlecht liest und die anderen Kinder sie auslachen. Daraufhin vereinbart die Mutter mit der Lehrerin, dass Hannah nur vorliest, wenn sie sich freiwillig meldet.

Was tun bei Konflikten?

Eine Zusammenarbeit mit dem Lehrer, der Lehrerin ist zwar wünschenswert, aber nicht immer möglich. Wenn Sie sich unverstanden und nicht ernst genommen fühlen, ist der Austausch mit anderen Eltern sinnvoll. Sind mehrere Kinder in einer Klasse betroffen, bietet es sich an, das Thema beim Elternabend anzusprechen. Bei Konflikten sollten Sie auf jeden Fall den Dienstweg einhalten. Verlaufen die Gespräche mit dem betreffenden Lehrer und dem Klassenlehrer erfolglos, können Sie den Beratungslehrer einschalten, im nächsten Schritt dann die Schulleitung und notfalls das Schulamt.

Wenn gar nichts mehr geht oder die Atmosphäre vergiftet ist, bleibt manchmal nur ein Klassen- oder gar Schulwechsel übrig. Damit der Teufelskreis nicht von vorn losgeht, sollten Sie bereits im Vor-

Die aktive Teilnahme an Elternabenden und gemeinsamen Aktionen und Projekten legt die Basis für eine gelungene Beziehung zu den Lehrern und erleichtert die Zusammenarbeit bei Lernschwierigkeiten.

Tipp

Wie Sie Auseinandersetzungen mit der Schule zu Ihren Gunsten steuern, lesen Sie in einem Band der Cornelsen Eltern-Sprechstunde:
Dieter Enkhardt: Zoff mit der Schule.
Konfliktgespräche mit Lehrern führen

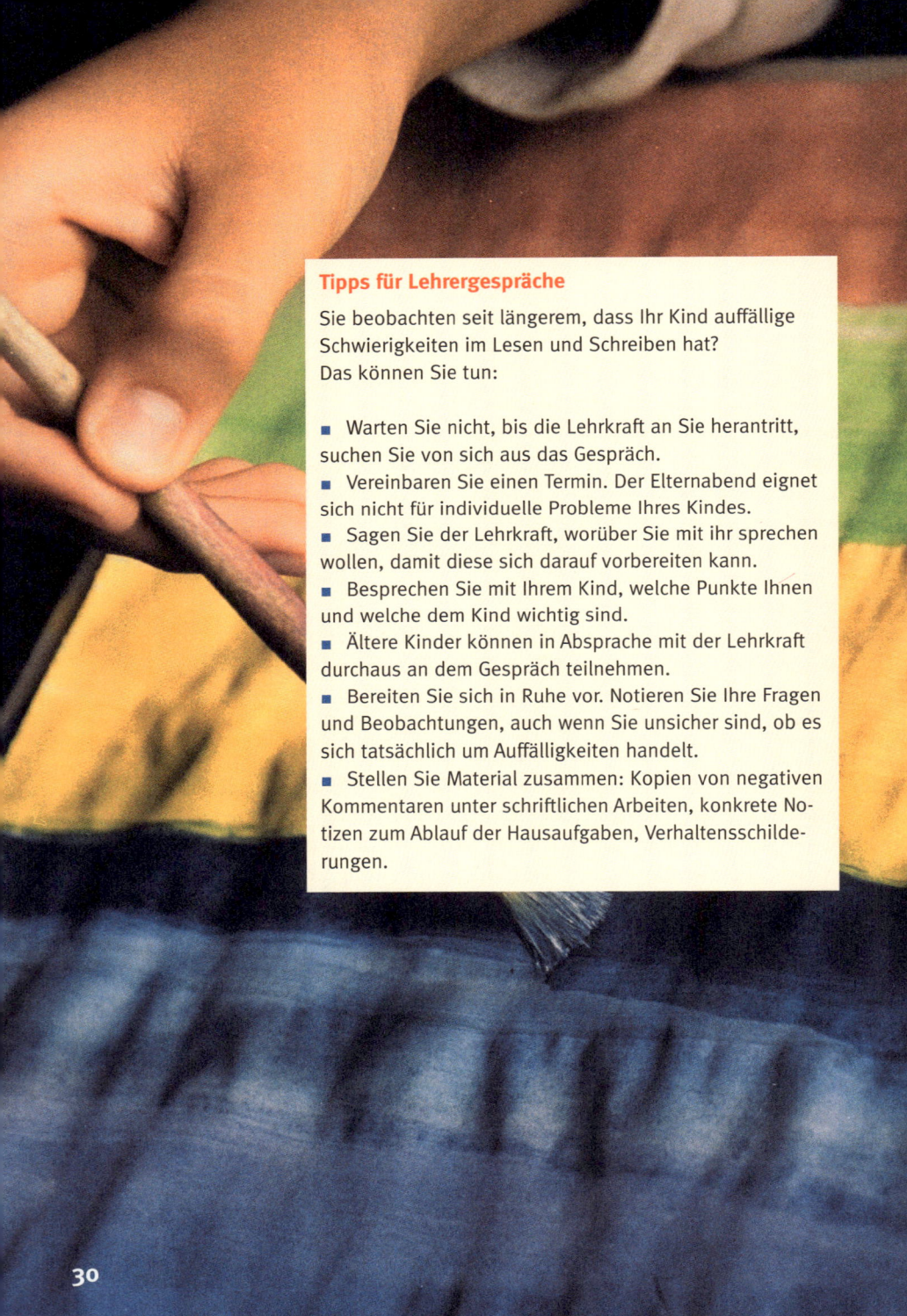

Tipps für Lehrergespräche

Sie beobachten seit längerem, dass Ihr Kind auffällige Schwierigkeiten im Lesen und Schreiben hat?
Das können Sie tun:

- Warten Sie nicht, bis die Lehrkraft an Sie herantritt, suchen Sie von sich aus das Gespräch.
- Vereinbaren Sie einen Termin. Der Elternabend eignet sich nicht für individuelle Probleme Ihres Kindes.
- Sagen Sie der Lehrkraft, worüber Sie mit ihr sprechen wollen, damit diese sich darauf vorbereiten kann.
- Besprechen Sie mit Ihrem Kind, welche Punkte Ihnen und welche dem Kind wichtig sind.
- Ältere Kinder können in Absprache mit der Lehrkraft durchaus an dem Gespräch teilnehmen.
- Bereiten Sie sich in Ruhe vor. Notieren Sie Ihre Fragen und Beobachtungen, auch wenn Sie unsicher sind, ob es sich tatsächlich um Auffälligkeiten handelt.
- Stellen Sie Material zusammen: Kopien von negativen Kommentaren unter schriftlichen Arbeiten, konkrete Notizen zum Ablauf der Hausaufgaben, Verhaltensschilderungen.

- Beginnen Sie das Gespräch mit positiven Erfahrungen und fragen Sie nach der Einschätzung der Lehrkraft. Dann redet es sich leichter über Sorgen und Probleme.
- Berichten Sie gegebenenfalls möglichst offen über belastende Umstände in der Familie. Auch Lehrer unterliegen der Schweigepflicht.
- Stellen Sie ruhig Fragen zu Unterrichtsinhalt und -geschehen. Sie haben ein Recht, darüber informiert zu werden. In einigen Bundesländern dürfen Eltern sogar einzelne Schulstunden besuchen.
- Haken Sie nach, wenn Ihnen etwas unklar bleibt. Lehrer und Lehrerinnen haben manchmal wie Ärzte eine eigene Sprache.
- Teilen Sie Befürchtungen, Erwartungen und Ängste – eigene ebenso wie die Ihres Kindes – mit.
- Vereinbaren Sie nach Möglichkeit konkrete Hilfen wie Zeitzuschläge bei Klassenarbeiten und Hefteinträgen oder eine dem Kind angemessene Aufgabenmenge.
- Es ist verständlich, dass Sie sich mit den Nöten und Ängsten Ihres Kindes stark identifizieren. Bleiben Sie trotzdem sachlich.
- Informieren Sie auch die Fachlehrer, verlassen Sie sich nicht auf den Informationsfluss im Kollegium.

feld mit den neuen Lehrern sprechen. Wahrscheinlich noch besser wäre es, sich vor einem so radikalen Schritt angesichts der schweren Auseinandersetzungen an den schulpsychologischen Dienst zu wenden. Der professionelle, unparteiische Blick von außen findet Auswege, die sich den unmittelbar Beteiligten nicht erschließen können, einfach weil sie zu sehr „drinstecken".

Elternhaus und Schule tragen gemeinsam die Verantwortung für die Erziehung und besondere Förderung des Kindes. Beide Seiten sollten daher die Kompetenzen der anderen achten und anerkennen. Konkurrenz schadet nur Ihrem Kind!

Rechtliche Bestimmungen

Das Schulrecht ist Sache der Länder. Jedes Bundesland hat eigene Erlasse für den Umgang mit Lese-Rechtschreib-Schwierigkeiten in den Schulen. Werden sie nicht beachtet, können Eltern das vor Gericht einklagen.

Erkundigen Sie sich, ob die Richtlinien in Ihrem Bundesland einen Nachteilsausgleich vorsehen.

Alle Lehrer und Lehrerinnen sollten über diese Bestimmungen informiert sein, sind es in der Praxis jedoch nicht immer. Falsche oder fehlende Kenntnisse sind eine der Ursachen für eine ablehnende Haltung gegenüber Lese-Rechtschreib-Schwierigkeiten.

Fördermöglichkeiten in der Schule

Informieren Sie sich über die rechtliche Lage. Besorgen Sie sich die geltenden Bestimmungen zu Lese-Rechtschreib-Schwierigkeiten bei dem Kultusministerium Ihres Bundeslandes, die Adresse finden Sie im Serviceteil dieses Buches. Alle Bundesländer legen großen Wert auf den Anfangsunterricht und die Früherkennung von Schwierigkeiten mit dem Lesen und Schreiben, alle schreiben auch die so genannte Binnendifferenzierung vor. Das bedeutet, die Lehrkraft muss die einzelnen Kinder im Klassenverband ihrem Leistungsvermögen entsprechend behandeln und frühzeitig Hilfen vorschlagen. Dafür ist zumindest in den Grundschulen flächendeckend Förderunterricht vorgesehen.

Zwei weitere in allen Bundesländern eingeführte Bestimmungen sollten Sie kennen: Lese-Rechtschreib-Schwierigkeiten dürfen für sich genommen weder ein Hindernis für den Besuch einer weiterführenden Schule noch Grund für eine Klassenwiederholung sein.

Es gibt gute Therapieangebote für Kinder mit LRS.

In vielen anderen Punkten unterscheiden sich die Bestimmungen. So werden Leistungsbewertungen und Benotungen unterschiedlich gehandhabt, mehrheitlich beschränken sich die Nachteilsausgleiche und Fördervorschriften für LRS-Kinder allerdings auf die Zeit bis zum sechsten Schuljahr. Nur Bayern, Baden-Württemberg, Nordrhein-Westfalen und Schleswig-Holstein geben Hilfsmaßnahmen konkret vor, zum Beispiel Zeitzuschläge bei schriftlichen Arbeiten, mündliches statt schriftliches Abfragen. In allen anderen Bundesländern handelt es sich vor allem hinsichtlich der Notengebung um Kann-Bestimmungen. Es liegt im Ermessen der Lehrer, die Leistungserhebung und -bewertung dem aktuellen Leistungsstand eines Schülers anzupassen.

Solche pädagogischen Freiräume sind unter Umständen problematisch, weil die Kinder vom Wohlwollen der Lehrkraft abhängig sind und ihnen aufgrund ihrer Lese-Rechtschreib-Schwierigkeiten notwendige Erleichterungen verwehrt bleiben. Außerschulische Therapieerfolge können dadurch wieder zunichte gemacht werden. Für die Durchführung des Erlasses ist die Schulleitung zuständig. Scheuen Sie daher im Fall des Falles nicht den Weg zum Rektor. Auch Schulpsychologen und Schulpsychologinnen stehen Ihnen bei der Durchsetzung Ihrer Rechte vermittelnd zur Seite.

Die Realität an den Schulen hat leider gezeigt, dass die Erlasse zu Lese-Rechtschreib-Schwierigkeiten bisher nur unzureichend umgesetzt werden. Lehrermangel, steigende Schülerzahlen pro Klasse, schlechte finanzielle Ausstattung und Mangel an didaktischem Anschauungsmaterial verhindern eine kindgerechte Förderung in der Grundschule. Manche Bundesländer, zum Beispiel Bayern, veranstalten seit einiger Zeit Fortbildungen für Lehrer an Grund- und Hauptschulen. Für weiterführende Schulen gibt es derartige Maßnahmen noch nicht. Umso wichtiger ist es für Ihr Kind, dass Sie ihm zur Seite stehen.

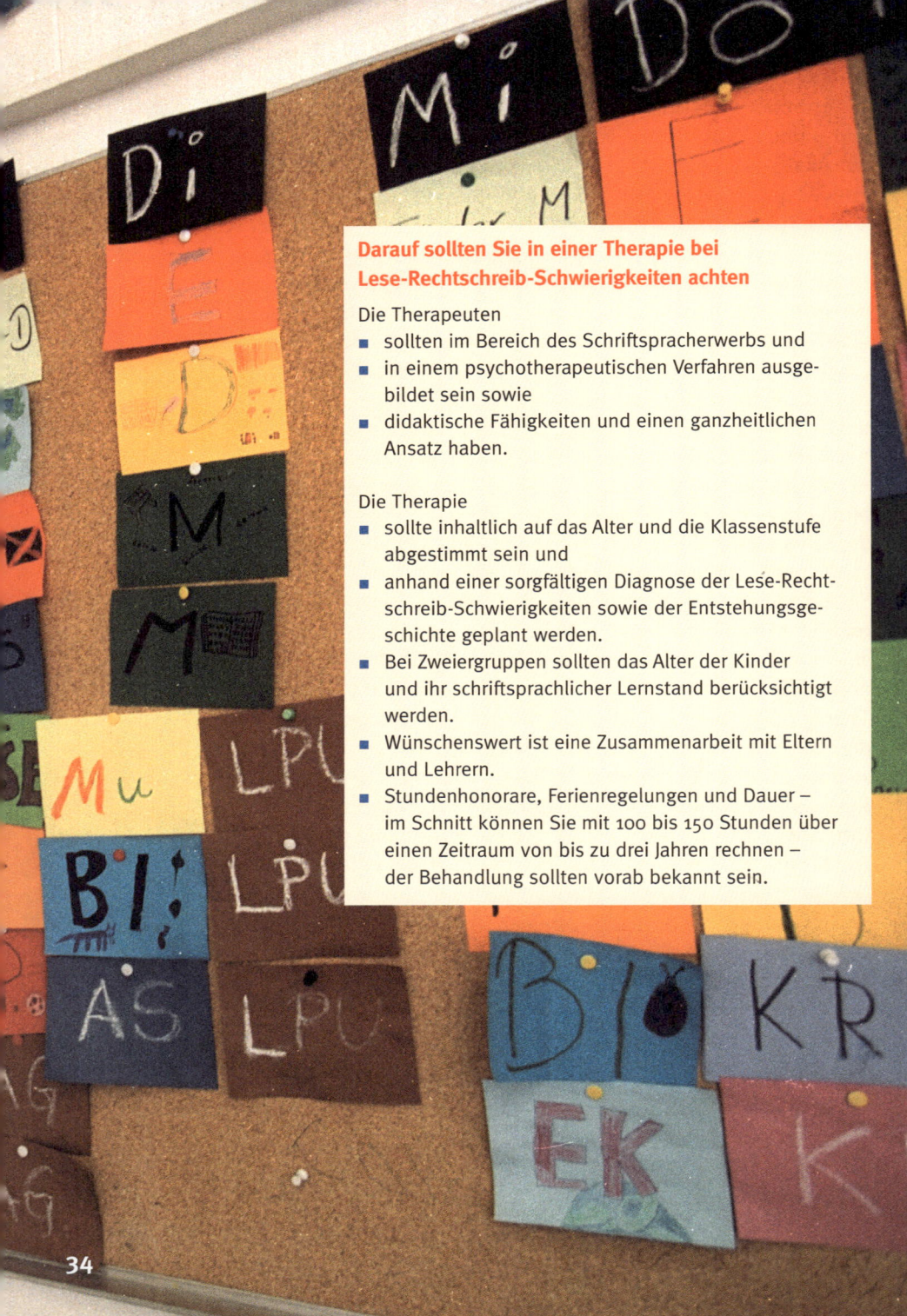

Darauf sollten Sie in einer Therapie bei Lese-Rechtschreib-Schwierigkeiten achten

Die Therapeuten
- sollten im Bereich des Schriftspracherwerbs und
- in einem psychotherapeutischen Verfahren ausgebildet sein sowie
- didaktische Fähigkeiten und einen ganzheitlichen Ansatz haben.

Die Therapie
- sollte inhaltlich auf das Alter und die Klassenstufe abgestimmt sein und
- anhand einer sorgfältigen Diagnose der Lese-Rechtschreib-Schwierigkeiten sowie der Entstehungsgeschichte geplant werden.
- Bei Zweiergruppen sollten das Alter der Kinder und ihr schriftsprachlicher Lernstand berücksichtigt werden.
- Wünschenswert ist eine Zusammenarbeit mit Eltern und Lehrern.
- Stundenhonorare, Ferienregelungen und Dauer – im Schnitt können Sie mit 100 bis 150 Stunden über einen Zeitraum von bis zu drei Jahren rechnen – der Behandlung sollten vorab bekannt sein.

Die Situation ist alles andere als rosig. In schweren Fällen wird Ihnen nichts anderes übrig bleiben, als eine außerschulische Fördermaßnahme zu suchen. Aber wie findet man die richtige und wer trägt die Kosten?

Fördermöglichkeiten außerhalb der Schule

Immer noch zucken viele Menschen bei dem Gedanken an Therapie zurück. Aber professionelle Hilfen in Anspruch zu nehmen ist kein Eingeständnis von Unfähigkeit, sondern zeugt von einer guten Einschätzung der eigenen Möglichkeiten und Grenzen. Warten Sie nicht, bis die Lehrerin oder der Lehrer Ihnen eine Therapie nahe legt. Wenn Sie sich für therapeutische Unterstützung entschieden haben, müssen Sie angesichts der Zahl entsprechender Einrichtungen in Deutschland leider ohnehin mit längeren Wartezeiten rechnen. Je früher Sie sich therapeutische Unterstützung holen, umso eher lernen Sie und Ihr Kind mit Lese-Rechtschreib-Schwierigkeiten umzugehen und neue Einstellungen, Verhaltensweisen und Übungsmöglichkeiten kennen. Dazu ist nicht immer eine jahrelange Therapie nötig, oft reichen auch einige Beratungsgespräche.

Traumatische Erlebnisse wie Unfälle, Trennungen und Scheidungen oder sonstige seelische Belastungen müssen vorab behandelt werden. Eine reine Lerntherapie wäre unsinnig, wenn Ihr Kind psychisch stark beeinträchtigt ist. Umgekehrt darf in einer Psychotherapie die Lernproblematik nicht bagatellisiert werden. Das hätte gravierende Folgen für die schulische Entwicklung Ihres Kindes.

Erkundigen Sie sich genau, wem Sie vertrauen können.

Stehen die Lese-Rechtschreib-Schwierigkeiten und die daraus resultierende psychische und familiäre Dynamik im Vordergrund, empfiehlt sich eine Therapie, die Spielen und Lernen integriert. Die Checkliste auf Seite 34 gibt Ihnen einige Kriterien an die Hand, wie Sie den passenden Therapeuten finden. Meist ist die Mund-zu-Mund-Propaganda am zuverlässigsten. Fragen Sie andere Eltern, Freunde oder Bekannte. Adressen erhalten Sie auch über Lehrer, vor allem die Beratungslehrer, Schulpsychologen, Erziehungsberatungsstellen oder auch das Jugendamt.

Der Gesetzgeber gewährt unter bestimmten Voraussetzungen Unterstützung.

Da Therapie und die Berufsbezeichnungen Pädagoge oder Psychologe keine geschützten Begriffe sind, gibt es hier auch Anbieter, die nicht ausreichend qualifiziert sind. Auch manche Ärzte und Psychotherapeuten bieten ohne eine entsprechende Zusatzausbildung Hilfe bei Lese-Rechtschreib-Schwierigkeiten an. Genaues Nachfragen empfiehlt sich auch bei Nachhilfeinstituten.

Da es vielfältige, teilweise noch unerforschte Ursachen für Lese-Rechtschreib-Schwierigkeiten gibt, sind einseitig ausgerichtete Therapieformen äußerst fragwürdig.

Die Lese-Rechtschreib-Schwierigkeiten-Therapie ist nicht mit der Ergo- oder Logopädietherapie zu verwechseln: Logopäden behandeln Sprachstörungen wie Stottern, Poltern, Sprachverlust oder -verzögerungen, Ergotherapeuten behandeln fein- und grobmotorische Entwicklungsrückstände.

Was kostet eine LRS-Therapie?

Therapien sind teuer, und die Hilfe für Sohn oder Tochter kann für Eltern unerschwinglich sein. Für Kinder und Jugendliche mit gravierenden Lernproblemen und daraus entstandenen psychischen Auffälligkeiten gibt es jedoch eine gesetzliche Möglichkeit, eine Therapie finanziert zu bekommen.

Paragraph 35a Kinder- und Jugendhilfegesetz (KJHG) lautet:

Kinder und Jugendliche, die seelisch behindert sind oder von einer solchen Behinderung bedroht sind, haben Anspruch auf Eingliederungshilfe.

Die „Eingliederungshilfe" wird unabhängig vom Einkommen der Eltern gewährt. Die Anerkennung ist abhängig von der Schwere der Lese-Rechtschreib-Schwierigkeiten und von der Ausprägung der psychischen Begleitsymptome. Die Kostenübernahme für die Therapie soll verhindern, dass die Persönlichkeitsentwicklung des Kindes auf Dauer geschädigt wird.

Der Wortlaut von § 35a KJHG liest sich wegen der „Behinderung" einigermaßen abschreckend. Der Begriff ist unglücklich gewählt, weil er umgangssprachlich ziemlich abwertend verwendet wird und unliebsame Assoziationen weckt. Manche Eltern befürchten sogar eine Diskriminierung ihres Kindes.

„Behinderungen" im Sinne des Gesetzes sind psychische Beeinträchtigungen wie:

- Depressionen,
- Versagensängste,
- Schulangst,
- Prüfungsangst,
- Minderwertigkeitsgefühle,
- Selbstzweifel,
- Konzentrationsschwäche,
- Aufmerksamkeitsstörungen und
- Verhaltensauffälligkeiten.

Und da Leib und Seele zusammengehören, äußern sich langfristig gehäufte negative Gefühle nicht selten in psychosomatischen Reaktionen wie:

- Spannungskopfschmerz,
- Bauchschmerzen,
- Übelkeit,
- Schlafstörungen,
- Essstörungen und so weiter.

Auf solche Phänomene bezieht sich der Gesetzestext. Für die Bewilligung einer Therapie ist es wichtig, dass die Gutachten einen Hinweis auf die „seelische Behinderung" oder „drohende seelische Behinderung" enthalten. Fehlt er oder ist er anders formuliert, kann das zuständige örtliche Jugendamt den Antrag ablehnen.

Professionelle Hilfen in Anspruch nehmen ist kein Eingeständnis von Unfähigkeit, sondern zeugt von einer guten Einschätzung der eigenen Möglichkeiten, aber auch – ganz wichtig – der eigenen Grenzen.

Sämtliche Unterlagen und die Zustimmung zur Kostenübernahme des Jugendamtes müssen dem behandelnden Therapeuten vor Beginn einer Therapie vorliegen. Es ist sehr zeitaufwändig, die notwendigen Unterlagen zu beschaffen, und die Jugendämter lassen sich mit der Bearbeitung dieser Anträge mitunter sehr viel Zeit. Scheuen Sie sich nicht, persönlich Kontakt aufzunehmen bzw. telefonisch in regelmäßigen Abständen nachzufragen.

Die Umsetzung des § 35a KJHG wird von Bundesland zu Bundesland, mitunter sogar von Stadt zu Stadt unterschiedlich gehandhabt.

Erkundigen Sie sich nach den örtlichen Gepflogenheiten. Erfahrungsgemäß bestehen große Unterschiede bei der Auslegung des § 35a KJHG. So manches Jugendamt erklärt auf Nachfrage, es gäbe keine staatliche Finanzierung einer Legasthenietherapie. Diese Auskunft ist wörtlich genommen richtig, denn für die Förderung im Sinne des § 35a KJHG steht die psychische Befindlichkeit Ihres Kindes im Vordergrund.

Für die Antragstellung brauchen Sie in jedem Fall viel Zeit, Geduld und Durchhaltevermögen. Gegen einen ablehnenden Bescheid des Jugendamtes können Sie innerhalb einer festgesetzten Frist Widerspruch einlegen. Zusätzliche Kosten entstehen dadurch nicht. Anders sieht es aus, wenn auch der Widerspruch erfolglos bleibt und Sie Ihr Recht einklagen wollen. Auch wenn Sie den Antrag bewilligt bekommen, endet die Förderung meist nach 80 Stunden und wird nur in besonderen Einzelfällen um weitere 40 Stunden verlängert. Die Kostenübernahme bei Verlängerung der Therapie wird von Jugendamt zu Jugendamt unterschiedlich geregelt. Beantragen kön-

nen Sie eine Verlänge-
rung aber in jedem Fall.
Gesetzliche wie private
Krankenkassen finanzie-
ren eine Therapie eben-
falls nur, wenn die Lern-
schwierigkeiten allein
nachrangig sind und
schwere psychische Auf-
fälligkeiten bestehen. Der
Schwerpunkt liegt hier
auf der psychotherapeuti-

Tipp

Auf Lese-Rechtschreib-Schwierigkeiten spezialisierte
Institute und Therapeuten weisen nicht immer auf die
Möglichkeit der Kostenübernahme durch die Jugend-
hilfe hin und die Eltern bezahlen die Therapie aus Un-
kenntnis privat. Informieren Sie sich auf jeden Fall
beim Bundes- oder Landesverband Legasthenie,
Elterninitiativen, Verbänden der freien Wohlfahrts-
pflege oder Erziehungsberatungsstellen.

schen Behandlung, während die so wichtige Lerntherapie leider
zweitrangig ist. Zudem verfügen die wenigsten Psychotherapeuten
über Qualifikationen im Bereich Lerntherapie mit Lese-Rechtschreib-Schwierigkeiten.

◀ Ihr Kind steht
durch seine
Schwierigkeiten
unter großem
Druck – die
richtige Unter-
stützung kann
helfen.

Schulversagen –
was jetzt?

Erziehung ist kein Kinderspiel. Die Interessen aller Beteiligten sind unter einen Hut zu bringen und mit der Einschulung ändert sich auch das Verhältnis zwischen Kind und Eltern. Kommen schon früh Schulprobleme hinzu, steht der Beziehung eine harte Belastungsprobe bevor. Erziehungsmaßnahmen, die bisher tadellos funktionierten, müssen unter Umständen hinterfragt werden.

Kindernöte – Elternsorge

Es ist nur zu verständlich, dass Eltern in dieser Situation zu Gefühlsausbrüchen neigen, Abwertendes äußern und unüberlegte Maßnahmen treffen. Man ist schnell mit Vorwürfen und Schuldzuweisungen bei der Hand wie: „Du bist bloß zu faul (oder unkonzentriert oder dumm). Das gibt es doch gar nicht, dass das nicht in deinen Schädel reingeht! Warum schaust du nicht genau hin? Streng dich mehr an! Man hört doch, wie das geschrieben wird!" Auch Strafen wie Hausarrest, Fernseh- oder Computerverbot gehören zum Repertoire. Andere Eltern verkürzen die Spielzeit, verbieten den Kontakt zu Freunden, ziehen den Gameboy ein oder reduzieren das Taschengeld. Diese Maßnahmen sind leider sehr geeignet, das Problem zu verschärfen statt es zu lösen. Die erste Reaktion ist nicht immer die beste, sondern wird von Hilflosigkeit und der

Schulversagen ist eine harte Bewährungsprobe für die ganze Familie.

Angst, in der Erziehung versagt zu haben, diktiert. Sicher ist es im Alltag oft schwierig, aber trotzdem sollten Sie mit sich und Ihrem Kind vor allem Geduld haben.

Ihr Kind hat ein Problem, nicht Sie

Eine Quelle von Konflikten, die wir in unserer Praxis immer wieder beobachten und die Sie für sich vielleicht einmal überdenken sollten, ist die zu starke Identifikation von Eltern mit ihren Kindern. Empfinden Sie eine schlechte Note Ihres Sprösslings als persönliche Niederlage? Sagen Sie manchmal empört oder enttäuscht so etwas wie: „Jetzt habe ich mir so viel Mühe gegeben und mit dir tagelang geübt und du bringst schon wieder eine Fünf nach Hause!"? Oder: „Tu mir doch den Gefallen und lass uns das jetzt noch üben, dann haben wir uns auch wieder lieb"? Dann sollten Sie aufpassen. Solche und ähnliche Äußerungen zeigen, dass es keine klare Grenze zwischen Kind und Elternteil gibt. Schwierigkeiten des Kindes werden als eigene Schwierigkeiten erlebt. Anstelle des „du hast Probleme und ich möchte dir helfen" tritt das „wir haben versagt".

Achten Sie bewusst auf die Stärken Ihres Kindes.

Die Bewertung von Leistungen von Sohn und Tochter oder deren Umgang mit den Lehrern ist, das sollten Sie sich vor Augen halten, meist von Ihren eigenen Schulerfahrungen abhängig. Wie haben Sie Hausaufgaben erledigt? Wer hat mit Ihnen geübt? Was haben Sie dabei empfunden? Wie wurde auf schlechte Noten reagiert? Wie wichtig war der Schulerfolg? Gerade dann, wenn Sie alles, was mit der Schule zusammenhängt, als einzige Quälerei in Erinnerung haben, lohnt es sich in Ruhe darüber nachzudenken. Denn unser Unterbewusstsein spielt uns oft einen Streich, wenn wir alles besser machen wollen und uns trotzdem bei Handlungen ertappen, die wir an den eigenen Eltern gehasst haben.

Tipp

Das Thema Schule birgt in jeder Familie ein großes Konfliktpotenzial. Bemerken Sie betroffen, dass ein Gefühlsausbruch unangemessen war, ist dies ein erster wichtiger Schritt zur Veränderung. Teilen Sie Ihrem Kind diese Gedanken mit und versichern Sie, dass Sie bemüht sind, neue Wege zu suchen.

Immer noch tragen die Mütter in der Familie die größte Verantwortung für die Erziehung und damit auch für den Schulerfolg. Stellt sich dieser nicht ein, wird das oft ihnen angelastet. Der Boden für gegenseitige Schuldzuweisungen ist bereitet: „Du übst nicht richtig mit dem Kind, du bist zu lasch und nachgiebig!", „Du bist zu streng und machst zu viel Druck!", „Du hast nie Zeit für dein Kind!"

Verlassen Sie sich nie blind auf nur eine Meinung.

Bitte machen Sie sich eines klar: Lese-Rechtschreib-Schwierigkeiten sind weder die Schuld des Kindes noch der Eltern! Alle müssen an einem Strang ziehen und sich unterstützen, um mit diesen Problemen umzugehen. Überlegen Sie als Mutter, welche Aufgaben Sie sich mit Ihrem Partner, Freunden oder Großeltern teilen können. Wenden Sie sich an Selbsthilfegruppen oder gründen Sie eine, organisieren Sie Elternstammtische, aber vergraben Sie sich bitte nicht mit Ihrem Kind am Küchentisch zum Üben. Gerade wenn es Ihr erstes Kind ist, das zur Schule geht, ist der Austausch extrem wichtig.

Seien Sie insbesondere skeptisch, wenn es heißt: „Das wächst sich aus, üben Sie oft mit dem Kind." Tatsache ist, Lese-Rechtschreib-Schwierigkeiten wachsen sich nie von allein aus!

Jedes Kind hat Stärken

Aus der Warte des Kindes kann es ziemlich schrecklich werden, wenn sich der ganze Alltag nur noch um die Schule und sein Lernversagen dreht. Es sieht sich schnell als ganze Person in Frage gestellt: „Die Mama mag mich nicht mehr, weil ich so schlecht in der Schule bin!" Manchmal verschärft sich die Situation dadurch, dass es sich mit erfolgreicheren Geschwistern vergleicht. Bei den Klassenkameraden hat es oft auch keinen leichten Stand,

Stetes Üben kann in die Sackgasse führen. Üben Sie richtig?

Kinder hänseln und verspotten schlechtere Mitschüler ganz gern. Das verstärkt den Stress, und Stress ist ein ziemlich verlässlicher Garant für weitere Misserfolge auch in anderen Lernbereichen.

Leider kann auch das Üben zu Hause denselben Effekt haben und statt Besserung zu einer weiteren Verschlechterung führen. Denn meistens leistet das Kind erbitterten Widerstand gegen zusätzliches Üben. Es folgen heftige Streitigkeiten, die die häusliche Atmosphäre gefühlsmäßig sehr belasten. Manchmal neigen Eltern dann zu unangemessenen Reaktionen. Kinder reagieren darauf unterschiedlich: Sie brüllen zurück, verstummen oder brechen in Tränen aus.

Tipp

Bitte beachten Sie dabei, dass manche Kinder sich nicht trauen, ihre unangenehmen Gefühle in Worte zu fassen. Stattdessen sagen sie: „Ich habe keine Angst, mir ist bloß schlecht." Versuchen Sie nicht, Ängste wegzureden („du brauchst keine Angst zu haben") oder herunterzuspielen („das wird schon wieder"). Nehmen Sie die Gefühle ernst.

Aus Schutz vor weiterer Überforderung und Enttäuschung gehen viele Kinder in den passiven Widerstand, sie ziehen sich in sich zurück. Aber wenn selbst das einzige Gegenmittel versagt, was kann man dann noch tun, mögen Sie sich jetzt fragen. Im weiteren Verlauf werden wir Ihnen noch viele Möglichkeiten vorstellen. Hier ist vor allem wichtig: Am besten lernt, wer keine Angst hat. Noch mehr Druck auf ein ohnehin schon unter massivem Druck leidendes Kind auszuüben bringt nicht den gewünschten Effekt.

Ihr Kind hat beim Lesen und Schreiben Schwierigkeiten, aber es hat sehr viele andere positive und liebenswerte Eigenschaften. Sagen Sie ihm, was Sie an ihm schätzen. Versuchen Sie, seine Schwierigkeiten zu akzeptieren. Nehmen Sie diese nicht so schwer. Lassen Sie sich und Ihrem Kind Zeit. Versprechen Sie ihm keine schnellen Lösungen. Im Einzelfall kann es besser sein, das Kind wiederholt freiwillig die erste oder zweite Klasse, als dass es zu Hause nur noch Zoff gibt. Je früher die Schwierigkeiten erkannt werden, je eher etwas – nicht zu viel! – dagegen getan wird, desto effektiver verhindern Sie, dass andere Fächer in Mitleidenschaft gezogen werden.

Wer sagt denn, dass Sie alle Probleme allein lösen müssen? Nutzen Sie das kostenlose Angebot der Schulpsychologischen Dienste und Erziehungsberatungsstellen zur Entlastung Ihrer familiären Konfliktsituation.

Dauerbrenner
Hausaufgaben

Lernstoff = Konfliktstoff?

„Ich komme bestens mit meinem Kind zurecht – in den Ferien!"
Könnten Sie in diesen Stoßseufzer einstimmen? Wer hat nicht
schon erlebt, dass wegen der Hausaufgaben der Haussegen schief
hing? So manche Wochenendplanung fällt dem zum Opfer, oder alle Familienmitglieder knobeln verbissen an einer Textaufgabe. Die selbstständige, freiwillige und schnelle Erledigung von Hausaufgaben muss teils mühselig eingeübt werden. Für Schüler mit Lese-Rechtschreib-Schwierigkeiten ist das besonders anstrengend. Wegen ihrer vielen Fehler müssen sie häufig alles neu schreiben und sie brauchen unendlich lange, um Arbeitsanweisungen oder Texte zu lesen und deren Sinn zu verstehen.

Hausaufgaben sind Schülerarbeit und nicht Elternarbeit!

Wofür Hausaufgaben?
Tatsächlich sind Hausaufgaben nicht dazu gedacht, Kinder und ihre Eltern zu quälen. Sie sollen den im Unterricht durchgenommenen Lernstoff vertiefen und einüben. Gleichzeitig erkennen Lehrer und Lehrerinnen daran, ob die Schüler und Schülerinnen das im Unterricht vermittelte Wissen verstanden haben und anwenden können. Werden Hausaufgaben mit Erfolg bewältigt, so ist dies für Lehrer, aber auch Schüler eine Rückmeldung darüber, dass der Lernstoff beherrscht wird. Voraussetzung dafür ist, dass die Lehrer

sich ausreichend Zeit auch für die Überprüfung der Aufgaben nehmen, dass sie klare Vorgaben machen und den Schülern erklären,

- was genau sie tun sollen,
- wie sie die Aufgaben erarbeiten können,
- warum sie Hausaufgaben bekommen und
- wie viel Zeit sie dafür benötigen sollten.

Außerdem sollte die Lehrkraft darauf achten, dass alle Aufgaben in ein spezielles Heft notiert werden und dass der Schwierigkeitsgrad und Umfang je nach Leistungsstärke des Einzelnen variiert.

Für die Dauer der Hausaufgaben gibt es in allen Bundesländern klare Richtlinien:

1. Klasse:	„behutsames Eingewöhnen"
2. Klasse:	30 Minuten
3./4. Klasse:	45–60 Minuten
5./6. Klasse:	90 Minuten
7.–10. Klasse:	bis zu 120 Minuten
11.–13. Klasse:	120–180 Minuten

Diese Zeitangaben gelten selbstverständlich auch für Schüler mit Lese-Rechtschreib-Schwierigkeiten!

Hausaufgaben werden selten freiwillig gemacht. Umso wichtiger ist es, dass Lehrer deren Erledigung kontrollieren und anerkennen. Sonst empfinden die Schüler sie als reine Schikane. Eltern von Kindern mit Lese-Rechtschreib-Schwierigkeiten fühlen sich meist besonders in die Pflicht genommen, ihr Kind tatkräftig bei den Hausaufgaben zu unterstützen. Wenn die schriftlichen Arbeiten sehr fehlerhaft, unvollständig oder kaum lesbar sind, neigen verzweifelte Eltern dazu, in die Rolle des „Ersatzlehrers" zu schlüpfen. Zu viele Korrekturen, Erklärungen und Nacharbeiten des Unterrichtsstoffs beeinträchtigen aber die Kinder in ihrer Selbstständigkeit – mit der Folge, dass sie sich darauf verlassen, dass ihre Eltern den Lernstoff ohnehin zu Hause noch einmal erklären. Schnell passiert es dann, dass das tatsächliche Können des Kindes falsch eingeschätzt wird.

„Elternhilfe ist: schlechte Laune, Ungeduld, Motzen, Kontrollieren, Schimpfen, Nochmalmachen."
Orientierungsstufenschüler, 12 Jahre

Mithilfe der Eltern entstandene fehlerfreie und sauber angefertigte Hausaufgaben verfälschen den Leistungsstand und lassen den Lehrer glauben, die Lerninhalte seien verstanden. Aber er – und nicht die Eltern – hat zu entscheiden, welche Hausaufgaben nachzuarbeiten sind und auch, ob Handschrift und Heftführung so unordentlich aussehen, dass pädagogische Konsequenzen gezogen werden sollten. Das sollten Sie sich stets vergegenwärtigen – es erspart Ihnen viel Ärger und Streit mit Ihrem Kind. Befreien Sie sich von der Vorstellung, Ihre Erziehungsleistung würde an den Hausaufgaben des Kindes gemessen!

Für Kinder mit Problemen beim Lesen und Schreiben ist es meist besonders schwer, mit den Hausaufgaben überhaupt anzufangen. Oft entbrennen Machtkämpfe zwischen Mutter und Kind. Der Stift bricht mindestens fünfmal ab, das Heft ist unauffindbar oder das Lehrbuch in der Schule, das Kind entwickelt auf einmal eine Blasenschwäche, der Vorrat an Papiertaschentüchern verringert sich sichtlich, Geschwisterkinder wurden x-mal des Raumes verwiesen und vertröstet oder Spielkameraden stehen ungeduldig vor der Tür, die Lieblingssendung wurde schon verpasst. Nach mehreren Stunden sind beide Seiten erschöpft, frustriert und wütend. Man vertagt sich auf die frühen Abendstunden, das Kind ist dann kaum noch ansprechbar, verweigert total und klagt vor lauter Stress über Kopf- oder Bauchschmerzen und auch die Eltern stehen am Rande eines Nervenzusammenbruchs.

Angst vor Misserfolg und Strafe zerstört die Motivation, hemmt Kreativität, blockiert das Denken und führt zu Vermeidung, Verweigerung und Flucht!

Kein Kind verhält sich absichtlich so! Manchmal ist dieses Verhalten auch Ausdruck dafür, wie viel Zuwendung sich ein Kind wünscht. Es sichert sich die Nähe eines Elternteils, auch wenn es ermahnt, beschimpft und angebrüllt wird. Lieber negative Aufmerksamkeit als gar keine! Und es schützt sich vor Fehlschlägen beim Lesen oder Schreiben, indem es trödelt, zurückbrüllt, schreit oder weint.

Schön und gut, aber es muss doch seine Hausaufgaben machen!, denken Sie jetzt vielleicht. Nun, lassen Sie es lieber einmal ohne Hausaufgaben in die Schule gehen, als diesen Teufelskreislauf im-

Hausaufgaben: Wie viel Unterstützung ist sinnvoll?

■ Legen Sie gemeinsam mit Ihrem Kind den günstigsten Zeitpunkt für die Hausaufgaben fest. Entscheidend ist, dass der Zeitpunkt jeden Tag gleich bleibt.

■ Vereinbaren Sie mit dem Kind Pausen sowie Belohnungen für erledigte Aufgaben.

■ Die Dauer der Hausaufgaben und der Beginn der Freizeit sollten ebenfalls im Vorhinein feststehen.

■ Halten Sie die Absprachen unbedingt ein und verlangen Sie von Ihrem Kind dasselbe. Solche Konsequenz kann sehr anstrengend sein und fordert viel Ausdauer und Energie.

■ Achten Sie darauf, dass Ihr Kind sein Hausaufgabenheft sorgfältig führt. Bitten Sie notfalls den Lehrer, es abzuzeichnen.

■ Wenn Sie Ihrem Kind etwas erklären möchten, orientieren Sie sich unbedingt an den Lern- und Lösungswegen der Lehrer und Lehrerinnen. Abweichende Erklärungen verwirren Kinder mit Lernschwierigkeiten.

■ Sorgen Sie für einen Arbeitsplatz ohne Ablenkungen. Das kann durchaus der Küchentisch sein, wichtig ist allein der Rahmen.

■ Helfen Sie Ihrem Kind, seine Aufgaben zu strukturieren. Lassen Sie das Kind entscheiden, mit welchem Fach es beginnen möchte.

■ Bei den Hausaufgaben neben dem Kind zu sitzen ist nicht grundsätzlich gut oder schlecht. Gerade zu Beginn der Schulzeit benötigen manche Kinder die Sicherheit, dass ihre Eltern jeden Arbeitsschritt begleiten. Dies sollte allerdings nicht zum Standard werden.

■ Belastende und aufregende Ereignisse müssen zuerst besprochen werden, sonst hat die Konzentration keine Chance.

mer weiter zu verfestigen. Sinnvoll ist hier natürlich, dass Sie dem Lehrer Bescheid geben, etwa indem Sie unter die eventuell unvollständigen Aufgaben notieren, dass nach intensivem Bemühen im vereinbarten Zeitrahmen die maximale Leistungs- und Konzentrationsfähigkeit des Kindes erreicht war. Bei Kindern mit Lese-Rechtschreib-Schwierigkeiten ist es sinnvoll, sich auf die Behebung ihrer besonderen Probleme zu konzentrieren, denn die Hausaufgabenproblematik ergibt sich überwiegend daraus und erledigt sich entsprechend auch damit.

Vereinbaren Sie mit dem Lehrer eine Hausaufgabenregelung.

Lernen will gelernt sein

In der Schule wird die Vermittlung wirksamer Lernstrategien und Arbeitstechniken leider nicht selten vernachlässigt. Die Fähigkeit, Wissen zu erarbeiten und zu strukturieren, um es möglichst gut über das Kurz- ins Langzeitgedächtnis abzuspeichern, wird vielmehr stillschweigend vorausgesetzt. Lehrer und Lehrerinnen legen den Schwerpunkt darauf, *was* gelernt werden soll, aber nicht *wie*.

Die Schule vernachlässigt auch das Lernen über möglichst viele Sinneskanäle und vermittelt Lerninhalte zumeist über Auge (visuell) und Ohr (auditiv). Gerade Grundschulkinder brauchen jedoch Anregungen über möglichst viele Sinne. Ihnen wird das Lernen wesentlich erleichtert, wenn sie die Möglichkeit haben, durch eigenes Handeln und Ausprobieren Lerninhalte für sich erfahrbar zu machen. Zudem gibt es verschiedene Lerntypen. Der eine muss etwas sehen, um es zu behalten, andere merken sich Dinge am besten, die sie in Bewegung umsetzen können. Den Kindern würde die Kenntnis ihres eigenen Lerntyps und brauchbarer Arbeitstechniken die Aneignung von Wissen sehr erleichtern.

Eigenständig und unter Beteiligung möglichst vieler Sinneskanäle erworbenes Wissen bleibt länger im Gedächtnis gesichert!

Der Lerntyp ist unabhängig von Intelligenz und kommt nie in Reinform vor. Es lässt sich jedoch bei jedem Menschen eine deutliche

Jeder lernt anders

- Der visuelle Typ braucht zum Lernen Bilder, Abbildungen, Tafelanschriften, Tabellen. Gehörtes muss er in innere Bilder und Vorstellungen umsetzen, um es sich zu merken.
- Der auditive Typ kann im Unterricht dem Lehrer oder Mitschülern konzentriert folgen und hat keine Probleme mit Kassetten- oder Radioaufnahmen.
- Der haptische Typ muss Lerninhalte anfassen und durch eigenes Tun nachvollziehen können.
- So manchem erleichtert Bewegung das Lernen, beispielsweise laufen solche Menschen beim Auswendiglernen gern auf und ab.
- Der Gesprächstyp lernt am besten über die Diskussion der Lerninhalte im Unterricht oder zu Hause.

Tipp

Es gibt einen einfachen Test, mit Ihrem Kind auszuprobieren, wie stark es auf Augen, Ohren und Handeln angewiesen ist, um sich etwas zu merken: Lassen Sie drei Mal zehn jeweils unterschiedliche Gegenstände (oder Geräusche) hintereinander: a) hören, b) sehen, c) ertasten.
Nach jedem Durchgang können Sie gemeinsam prüfen, wie viele Gegenstände bzw. Geräusche Ihr Kind sich merken konnte. Sie können den Test auch selbst ausprobieren.

Bevorzugung einer Lernweise erkennen. Wenn ein Kind mit Lese-Rechtschreib-Schwierigkeiten seinen Lerntyp kennt, kann es unserer praktischen Erfahrung nach seine Schwächen leichter ausgleichen. Ist zum Beispiel klar, dass Ihr Kind am besten übers Zuhören lernt, könnte es sich grammatische Regeln, Vokabeln, Definitionen und Gedichte auf Kassette sprechen und bei verschiedenen Gelegenheiten vorspielen. Oder Kinder, die etwas anfassen müssen, um es zu begreifen, könnten sich Merksätze auf ein Blatt Papier schreiben, die einzelnen Worte ausschneiden und den Satz so lange wieder zusammensetzen, bis sie ihn auswendig wissen. Kinder, die mit Bewegung lernen, können Sie zum Beispiel einzelne Sätze lesen und die darin beschriebene Handlung anschließend ausführen lassen: „Geh in die Küche und hole aus der dritten Schublade von unten ein rot-grün kariertes Staubtuch."

Hilfe zur Selbsthilfe

Schüler mit Lese-Rechtschreib-Schwierigkeiten müssen sich besonders anstrengen und stoßen daher schneller als ihre Mitschüler an die Grenze ihrer Konzentration. Infolgedessen wirken sie leicht ablenkbar, unmotiviert und fallen durch unruhiges Verhalten auf. Gerade für diese Kinder sind Pausen, Abwechslung und kleine Lernschritte günstig. Deswegen ist es sinnvoll, dass Sie Ihr Kind anhalten, seine Hausaufgaben in Portionen aufzuteilen, die in 15 bis 20 Minuten zu bewältigen sind, sich diese auf verschiedenfarbige Merkzettel zu notieren und an einer Pinnwand gut sichtbar aufzuhängen. Ist ein Arbeitsschritt geschafft, wird der Zettel abge-

Sie helfen, indem Sie zur Organisation der Arbeit anleiten.

nommen, zerrissen und weggeworfen, begleitet von dem motivierenden Gedanken: Das wäre geschafft.

Achten Sie unbedingt darauf, dass verschiedene Arbeitsschritte aufeinander folgen. Zu ähnliche Inhalte verwirren, begünstigen Langeweile und hemmen die Aufnahmefähigkeit. Schreiben, Lesen und Rechnen und zudem Mündliches und Schriftliches sollten sich abwechseln.

Unterstützen Sie Ihr Kind bei der Einteilung der Wochenplanhausaufgabe. Einige Kinder benötigen viel Struktur von außen, um allmählich selbstgesteuert zu lernen. Manchmal ist auch ein Lern- oder Hausaufgabenvertrag mit klaren Zielen und Belohnungen sinnvoll. Damit können Sie der Motivation, die bei den meisten Kindern sehr von ihren persönlichen Interessen abhängig ist, auf die Beine helfen. Lerninhalte prägen sich über Eselsbrücken, innere Bilder und Metaphern sehr viel leichter ein. Auch hier können Sie gemeinsam mit Ihrem Kind einiges überlegen. Effektive Lernstrategien und Arbeitstechniken müssen langfristig eingeübt werden. Da wird von Ihnen als Eltern viel Zeit, persönlicher Einsatz, Geduld und Ausdauer gefordert. Diese Anstrengungen werden aber dadurch belohnt, dass Ihr Kind langfristig selbstständig wird und eigenverantwortlich an Aufgabenstellungen herangeht.

Neulernen ist einfacher als umlernen:

◀ Versuchen Sie möglichst rasch, den Lerntyp Ihres Kindes herauszufinden und mit ihm geeignete Arbeitstechniken einzuüben.

Häusliche Übungen,
die helfen können

Kinder mit Lese-Rechtschreib-Schwierigkeiten brauchen zusätzliche Übung, um den Anschluss an ihre Klasse nicht ganz zu verlieren. Überlegen Sie sich jedoch sehr genau, ob Sie Ihrem Kind wirklich helfen können. Es ist schwierig, dem eigenen Kind etwas beizubringen. Erfahrungsgemäß nehmen Kinder von Vater oder Mutter wenig an, wenn das Lernen eng mit Misserfolgen und unangenehmen Gefühlen verbunden ist.

Weniger ist mehr

Es ist verständlich, dass man sich bei den eigenen Kindern strenger, ungeduldiger und fordernder verhält, als es vielleicht sein müsste. Hier fehlt die notwendige Distanz. Eltern sind emotional sehr stark beteiligt und reagieren manchmal unbeabsichtigt schroff. Ist der Hausfrieden durch Misserfolge, Enttäuschungen und ständige Auseinandersetzung bereits lädiert, sollten Sie lieber andere Personen – Großeltern, Freunde, Verwandte – bitten, die Lernbetreuung zu übernehmen.

Nicht die Quantität ist beim Üben entscheidend, sondern die Qualität. Gezieltes Üben ohne Druck zehn Minuten lang an fünf Tagen die Woche ist genug!

Und kreiden Sie es sich bitte nicht als persönliches Versagen an, wenn Sie sich nicht in der Lage sehen, mit Ihrem Kind zu üben. Es ist wirklich völlig normal. Die gewonnene Zeit kann in gemeinsamen Aktivitäten ebenso sinnvoll genutzt werden. Ständiger Kontakt zum Lehrer hilft, punktgenau zu üben und das Kind weder zu unter- noch zu überfordern.

Ob Sie nun selbst oder andere Personen mit dem Kind üben – einige Punkte sollten beachtet werden.

Lese-Rechtschreib-Schwierigkeiten zu beheben braucht Zeit. Erwarten Sie keine Blitz- oder Spontanheilung!

- Wenn möglich, teilen Sie sich als Eltern die Übungszeiten. Auch beruflich stark beanspruchte Väter können zehn Minuten für die Schulprobleme ihres Kindes aufbringen.
- Üben Sie nicht direkt im Anschluss an die Hausaufgaben. Überlegen Sie gemeinsam mit Ihrem Kind, welche Tageszeit sich am besten eignet.
- Das Üben sollte zur Routine gehören, also jeden Tag zur gleichen Zeit stattfinden.
- Üben Sie maximal zehn bis 15 Minuten pro Tag, auch wenn es sowohl beim Lesen und beim Schreiben hapert. Das Wochenende ist Freizeit!
- Loben Sie Ihr Kind nach jeder Übungseinheit: „Prima, heute hast du vier Wörter richtig geschrieben!" – aber bitte überzeugend, nicht mit einem Gesicht, das „du liebe Güte" stöhnt ...
- Fragen Sie Ihr Kind, ob es verbessert werden will: „Ist dir jetzt recht, wenn ich dir ein wenig helfe?" Nur wenn es eindeutig zustimmt, wird es Ihre Hinweise annehmen.
- Entwickeln Sie ein Gefühl dafür, wann Ihre Geduld zu Ende ist. Brechen Sie rechtzeitig ab.

Das (zugegeben ehrgeizige) Ziel ist, dass Ihr Kind Sie an die Übungszeit erinnert. Wenn sich trotz aller Vorsätze Tränen, Geschrei und Streit nicht vermeiden lassen, hat es aber keinen Sinn. Suchen Sie dann lieber mit Ihrem Kind den Schulpsychologen oder einen Therapeuten auf.

Schule ist nicht alles!

Denken Sie immer daran, dass Schule zwar viel Zeit im Leben Ihres Kindes beansprucht, aber der Schulerfolg nicht alles ist. Bei Schulproblemen braucht Ihr Kind Verständnis und liebevolle Unterstützung. Vor allem muss es wissen, dass Sie unbeirrbar an seine Fähigkeiten glauben!

Entwicklungsmodell für das Lesen und Schreiben

Stufe	Fähigkeiten und Einsichten des Kindes	Lesen	Schreiben
1	Nachahmung äußerer Verhaltensweisen	„Als-ob-Lesen"	Kritzeln
2	Kenntnis einzelner Buchstaben	Naiv-ganzheitliches Lesen	Malen von Buchstabenreihen, des eigenen Namens
3	Beginnende Einsicht in den Buchstaben-Laut-Bezug, Kenntnis einiger Buchstaben/Laute	Benennen von Lautelementen, häufig am ersten Buchstaben orientiert	Skelettschreibungen (*HS* für Hase)
4	Einsicht in die Buchstaben-Laut-Beziehung	Buchstabenweises Erlesen (*G-a-r-t-e-n*), gelegentlich ohne Sinnverständnis	Nach dem Prinzip „Schreibe, wie du sprichst" *Rola – Roller hoite – heute mia – mir*
5	Verwendung orthografischer Muster	Fortgeschrittenes Erlesen: Verwendung größerer Einheiten (z. B. mehrgliedrige Schriftzeichen, Silben, Endungen wie *-en*, *-er*)	Verwendung orthografischer Muster (Auslautverhärtung, Umlaute), gelegentlich auch falsche Generalisierungen (*Oper* satt *Opa*)
6	Automatisierung von Teilprozessen	Entfaltete Lesefähigkeit	Dudenschreibweise

Wie bringe ich mein Kind zum Lesen?

Gerade wenn die ersten Schwierigkeiten beim Lesen auftauchen, fragen Kinder, wofür sie das brauchen. Was sie wissen wollen, erfahren sie auch so. Die Frage ist nachvollziehbar, umso mehr, wenn Sie selbst kaum lesen. Sie müssen sich auf keinen Fall zur Leseratte umerziehen, um Ihrem Kind mit gutem Beispiel voranzugehen: Rezepte, Speisekarten, Bedienungsanleitungen, Straßenschilder oder Spielregeln zeigen Kindern, dass Lesen wichtig ist und zum Alltag gehört. Spielerisch können Sie Ihr Kind zum Lesen anhalten, wenn Sie es beiläufig bitten: „Kannst du mir bitte mal helfen ..." Haben Sie Ihrem Kind schon frühzeitig vorgelesen? Dies ist ein erster Schritt, um Interesse zu wecken. Vorlesen ist etwas Gemeinsames. Lassen Sie Ihr Kind mit ins Buch schauen, ermuntern Sie zu Vermutungen, wie die Geschichte weitergehen könnte. Kinder mögen eine ausdrucksstarke, betonte Art des Vorlesens. Manche Kinder haben Schwierigkeiten, sich das Gehörte in Bildern vorzustellen. Der Einfluss von Fernsehen, Videos und Computerspielen fördert nicht gerade die Fantasie. Dem wirken Sie durch gemeinsames Lesen entgegen. Unterbrechen Sie an geeigneten Stellen und fragen Sie Ihr Kind, wie die Personen in der Geschichte aussehen könnten oder wie es eine Szene wohl malen würde. Aktives Zuhören ist nicht ganz einfach, und Sie sollten Ihr Kind hin und wieder für seine Konzentration loben. Sind dem Kind schon Buchstaben bekannt, fahren Sie den Text mit dem Finger nach. So sieht es, dass die Leserichtung immer von links nach rechts verläuft. Trennen Sie für das Kind deutlich wahrnehmbar das Lesen aus Freude am Lesen vom Lesen zum Lesenlernen.

In auf Kinder- und Jugendliteratur spezialisierten Buchhandlungen oder Abteilungen wird man Sie gern über das Angebot beraten.

Im ersten Fall geht es um den Sinn, Fehler sollten nicht korrigiert werden. Im zweiten Fall kommt es hingegen auf genaues Lesen an (etwa bei Arbeitsanweisungen), Korrekturen sind hier also notwendig. Das muss geübt werden. Die Freude am Lesen dagegen kommt, behutsam gelockt, von selbst oder gar nicht. Dabei ist zweitrangig, ob die Inhalte „pädagogisch wertvoll" sind. Kinder sollten alles lesen dürfen, was sie interessiert, auch Comics.

Tipp

Lassen Sie Ihr Kind im Alltag vielfältige Erfahrungen machen, die ihm die Notwendigkeit und den Sinn des Lesens zeigen:

- Einkaufszettel
- Fahrpläne
- Spielregeln
- Kochrezepte
- Notizen
- Briefe
- Fernsehprogramm
- Bastelanleitungen
- Bedienungsanleitungen
- E-Mails
- Urlaubskarten
- Geburtstagseinladungen

Bücher, die Lesefreude wecken

Für Leseanfänger ist die Gestaltung von Büchern und Texten wichtig. Hier empfehlen sich kurze, übersichtliche Texte mit einem großen, klaren Schriftbild. Bücher, die reich bebildert sind und dadurch kurze Texte in Sinneinheiten unterbrechen, sind für jüngere Kinder und für Kinder mit großen Leseproblemen motivierender. Die Bilder sollten das Lesen jedoch nicht überflüssig machen, sondern nur helfen, einen Text leichter zu verstehen. Mittlerweile bietet der Buchhandel Erstlesereihen an. Einige davon sind schrittweise an der wachsenden Lesekompetenz der Kinder ausgerichtet. Es gibt Bücher für Leseanfänger mit kurzen Sätzen und einfachen zweisilbigen Wörtern und zunehmend schwierigere Texte.

Wichtig: Achten Sie auf Illustrationen.

Bei Kindern beliebt sind Mitmachbücher, in die sie malen und schreiben dürfen. In solchen Texten kann man den Fortgang der Geschichte mitbestimmen. Es gibt für ältere Kinder Krimis, in denen sie Detektiv spielen können, und Rätselbücher. Bei der Auswahl können Sie sich an den Hobbys Ihres Kindes orientieren. Dass Interesse bei Kindern die Lesefreude weckt, zeigt der Erfolg von Harry Potter. Wie durch Zauberhand versuchten sogar sehr leseschwache Kinder mitzuhalten, bewiesen unendlich viel Geduld und Ausdauer und konnten durch ihre großen Anstrengungen ihre Lesefertigkeit und ihr Leseverständnis erfreulich steigern.

Da der Kauf von Büchern auf die Dauer eine recht kostspielige Angelegenheit ist, empfiehlt sich die Nutzung öffentlicher Büchereien, die allerdings unterschiedlich gut sortiert sind. Andere Möglichkeiten, Bücher günstig zu erwerben, bieten Tauschbörsen und Flohmärkte.

Hilfreiche Leseübungen

Leseübungen, die Ihr Kind zu mehr Genauigkeiten anhalten sollen, müssen auf seine individuellen Schwierigkeiten abgestimmt sein. Hier eine Auswahl möglicher Probleme:

- Kennt Ihr Kind alle Buchstaben?
- Hat es Probleme mit bestimmten Buchstaben oder Buchstabenverbindungen wie *b/d, u/n, a/e, ie/ei, p/q, ch/sch, n/m, au/eu*?
- Liest es zum Beispiel statt klein *kein*, liest es also den zweiten Konsonanten nicht mit?
- Buchstabiert es, kann es also die Einzellaute nicht zu einem sinnvollen Wort verbinden?
- Lässt es Endungen weg?
- Ist seine Augenbewegung sehr sprunghaft und vertauscht es Buchstaben oder Silben zu Fantasiewörtern?
- Liest es kurze Wörter von rechts nach links (*sie* wird zu *Eis*)?
- Liest es stockend und häufig ratend?
- Kann es den Sinn des Gelesenen nicht wiedergeben?

In der Schule wird erwartet, dass alle Schüler flüssig, richtig und betont lesen und den Inhalt des Gelesenen auf Nachfrage sofort wiedergeben können. Das gelingt ungeübten Lesern oftmals nicht, da ihre ganze Konzentration und Aufmerksamkeit auf die Technik des Lesens gerichtet ist. Wenn sie sich dann in der Schule anhören müssen: „Du hast ja wieder nicht die Lesehausaufgabe gemacht!", nehmen sie sich das meist sehr zu Herzen und bemühen sich, ein Wort möglichst schnell als Ganzes zu erfassen: Sie raten mit geringer Trefferquote. Ihr Lesen wirkt oft sehr gehetzt, was sich in Stimme, Atmung und motorischer Unruhe niederschlägt. Deshalb sollte das Lesen zu Hause unbedingt in einer entspannten Atmosphäre geübt werden – am besten ohne Druck in einer gemütlichen Ecke mit ausreichender Beleuchtung und ohne Ablenkungen und Nebengeräusche.

Tipp

Lassen Sie Ihr Kind seine Bücher möglichst selbst aussuchen. Der einzige Anspruch ist, das Interesse des Kindes am Lesen zu wecken, die Lesefertigkeit zu trainieren und das Sinnverständnis zu fördern. Dazu eignen sich auch Comics!

Empfehlenswerte Kinder- und Jugendbücher

Orientieren Sie sich nicht an den von den Verlagen festgesetzten Altersangaben, sondern in erster Linie am Lesevermögen Ihres Kindes und seinen Interessen. Viele Bücher mit wenig, gut aufgeteiltem Text in großer Schrift entsprechen nicht mehr ihren Interessen und hemmen daher ihre Lesefreude. Leider findet man insgesamt kaum inhaltlich ansprechende Bücher für ältere Kinder mit ausgeprägten Leseschwierigkeiten. Es gibt jedoch mittlerweile humorvolle und auch für ältere Kinder geeignete Bilderbücher. Der Übergang zwischen Kinder- und Jugendliteratur ist oft nicht eindeutig voneinander zu trennen.

Bilderbücher

M. Baltscheit: Die Geschichte vom Löwen, der nicht schreiben konnte. Bajazzo

V. Larrondo/C. Desmarteau: Als Mama noch ein braves Mädchen war. Bajazzo

P. Maar/T. Schulte: Die Kuh Gloria. Oetinger

T. Ross: Oskar ist schuld. Thienemann

J. Bauer/K. Boie: Kein Tag für Juli. Beltz & Gelberg (Serie)

S. Boynton: Hey, Du! Carlsen

Kinderbücher

I. Brender: War mal ein Lama in Alabama. Oetinger

G. Kuijer: Wir alle für immer zusammen. Oetinger

A. Bröger: Mein 24. Dezember. Arena

P. Härtling: Sofie macht Geschichten. Beltz & Gelberg (und andere Bücher von ihm)

P. Maar: Sams. Oetinger (Serie)

H. J. Press: Die Abenteuer der schwarzen Hand. Ravensburger (Serie)

O. Könnecke: Fred und die Bücherkiste. Ravensburger

E. Packard/M. Satter: Die Insel der 1000 Gefahren. Ravensburger

I. Uebe/H. de Beer: Das Kicherschwein. Ravensburger (Serie)

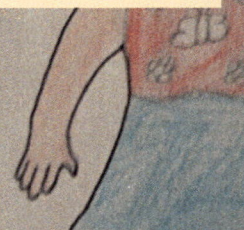

C. Nöstlinger: Wir pfeifen auf den Gurkenkönig. rororo
   (und andere Bücher von ihr)
A. Lindgren: Karlsson vom Dach. Oetinger
   (und viele andere Bücher von ihr)
B. Cole: Immer Ärger mit Mama. Herder
R. Goscinny/Sempé: Der kleine Nick. Diogenes (Serie)
A. Steinhöfel: Es ist ein Elch entsprungen. Carlsen
B. Robinson: Hilfe, die Herdmanns kommen. Oetinger
Knister/R. Butschkow: Knisters Nikolauskrimi. Arena

Jugendbücher

A. Steinhöfel: Paul 4 und die Schröders. dtv
   (und viele andere von ihm)
A. Jacobsson/S. Olsson: Berts gesammelte Katastrophen. Oetinger
   (Serie)
A. Schlüter: Die Stadt der Kinder. dtv Junior (Serie)
H. Ullrich: Hexen küsst man nicht. Thienemann
   (Reihe: Freche Mädchen – freche Bücher)
S. Tamaro: Der kugelrunde Roberto. Diogenes
D. Chidolue: Lady Punk. Beltz & Gelberg
G. Paulsen: Allein in der Wildnis. Fischer Schatzinsel (Serie)
R. Dahl: Matilda. rororo
R. Rushton: Halt dich da raus, Mama! Omnibus.
W. V. Doorselaer: Ich heiße Kaspar. dtv
O. Preußler: Krabat. dtv
M. Ende: Der satanarchäolügenialkohöllische Wunschpunsch.
   Thienemann
V. Kriegel: Olaf, der Elch. Diana (Serie)

... und natürlich viele andere Bücher mehr, fragen Sie Ihren Buchhändler oder in der Stadtteilbibliothek, oder recherchieren Sie im Internet ...

Die Hinweise in der Übersicht auf Seite 58 und in der Checkliste auf Seite 62 ersetzen nicht den systematischen Aufbau des Lesenlernens. Das ist Aufgabe der Schule. Eltern können diesen Prozess nur unterstützend begleiten. Fragen Sie die Lehrkraft, in welcher Phase der Leseentwicklung sich Ihr Kind befindet und welche konkreten Übungen angebracht sind.

Eine Lesefolie hilft beim Lesen. Wenn Ihr Kind einen Text allein liest, können Sie anschließend mit ihm über den Inhalt sprechen. Das Kind sollte dies jedoch als Unterstützung empfinden und nicht als ständige Kontrolle und Gängelei. Sonst gewinnt es schnell den Eindruck, dass Sie ihm nicht zutrauen, den Text gelesen und verstanden zu haben. Wenn Ihr Kind sagt, dass es den Sinn des Gelesenen nicht verstanden hat, ist das in Ordnung. Loben Sie es trotzdem für sein Lesen und helfen Sie ihm, sich beispielsweise die nebenstehende Fünf-Schritt-Gliederung anzueignen. Sie dient dazu, Sachtexte leichter zu erfassen und im Gedächtnis abzuspeichern.

Sachtexte in fünf Schritten lesen	
1. Schritt:	Text grob überfliegen
2. Schritt:	Fragen stellen: Was weiß ich bereits über das Thema? Was möchte ich noch wissen? Sind mir beim groben Überfliegen Fremdwörter oder unbekannte Begriffe aufgefallen (notieren)?
3. Schritt:	Gründlich lesen
4. Schritt:	Nach größeren Leseabschnitten Wichtiges in eigenen Worten mündlich wiedergeben oder auf einem Zettel notieren
5. Schritt:	Abschließend wiederholen: Die einzelnen Leseabschnitte werden wieder in einen inhaltlichen Zusammenhang gesetzt. Es wird überprüft, ob alle Fragen beantwortet sind.

In unserer therapeutischen Arbeit erleben wir immer wieder impulsive Kinder, die schnell, aber ratend lesen. Dabei ersetzen sie sehr einfallsreich Wörter aus dem Text durch andere, die den Inhalt und Ausdruck mitunter sogar verbessern. Sie haben den Sinn verstanden und nehmen den Fortgang der Geschichte gedanklich voraus. Wenn es allerdings um das genaue Erfassen von wichtigen Informationen geht, scheitern sie mit dieser Methode. Textaufgaben in der Mathematik und Arbeitsanweisungen in Klassenarbeiten werden zu oberflächlich gelesen und entsprechend falsch ausgeführt. Solche Kinder brauchen klare Strukturierungshilfen und Arbeitstechniken zur Selbstinstruktion. Ihnen hilft es, einmal bei einer Aufgabe den Lösungsweg mit allen einzelnen Gedankenschritten laut vorgesprochen zu bekommen. Das gibt ihnen eine Orientierungshilfe, mit der sie lernen, ihren unbändigen Vorwärtsdrang zu bändigen.

Für sie, aber auch für alle anderen leseschwachen Kinder, ist eine Lesefolie nützlich. Dafür sind einfarbige, durchsichtige, rechteckige Plastikstreifen von ungefähr zehn mal vier Zentimeter geeignet, aus denen auf der linken Seite ein Rechteck ausgeschnitten wird. Es entsteht eine Art Winkelhaken, der hilft, die Wörter beim Lesen zu gliedern. Die Folie soll ruhig und gleichmäßig so über die Textzeile geschoben werden, dass immer nur der zu lesende Teil (Buchstaben, Silben oder ganze Wörter) sichtbar ist. Farbe und Kanten lenken den Blick und die Aufmerksamkeit des Kindes auf den Teil, der gerade gelesen werden muss. Gleichzeitig geht der Textzusammenhang durch die durchsichtige Folie nicht verloren.

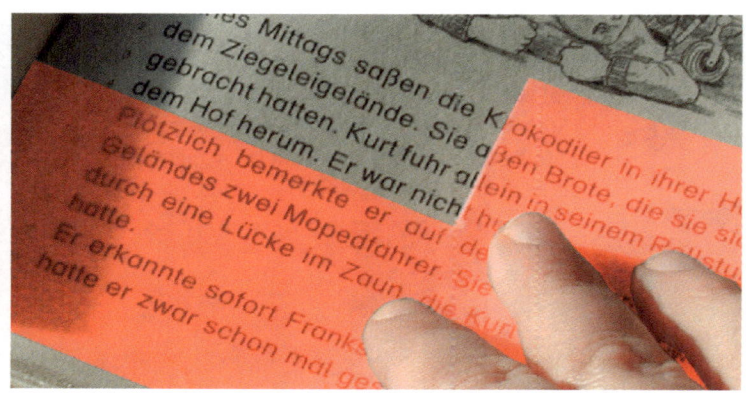

◀ Eine Lesefolie hilft, beim Lesen die Zeile zu halten.

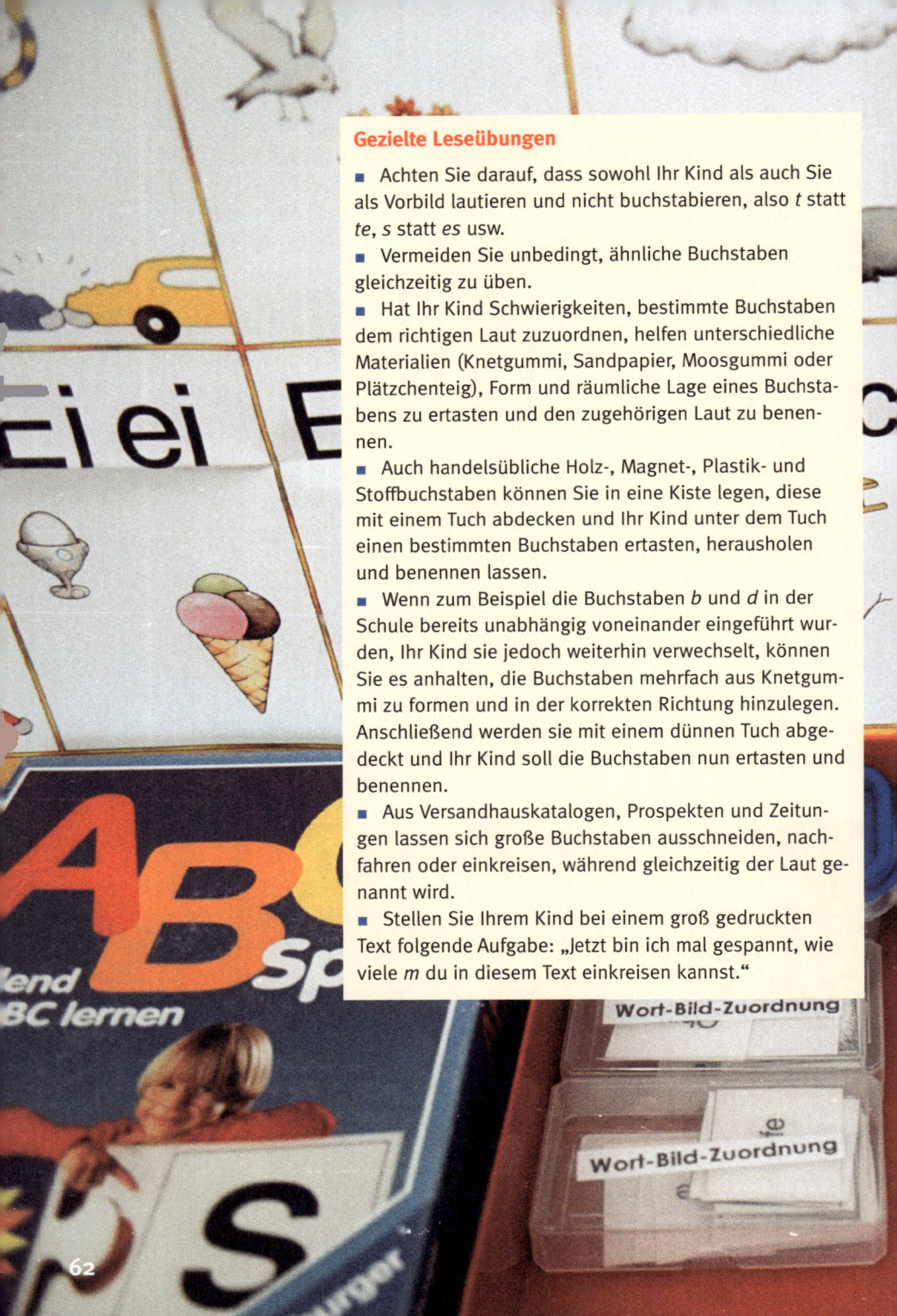

Gezielte Leseübungen

■ Achten Sie darauf, dass sowohl Ihr Kind als auch Sie als Vorbild lautieren und nicht buchstabieren, also *t* statt *te*, *s* statt *es* usw.

■ Vermeiden Sie unbedingt, ähnliche Buchstaben gleichzeitig zu üben.

■ Hat Ihr Kind Schwierigkeiten, bestimmte Buchstaben dem richtigen Laut zuzuordnen, helfen unterschiedliche Materialien (Knetgummi, Sandpapier, Moosgummi oder Plätzchenteig), Form und räumliche Lage eines Buchstabens zu ertasten und den zugehörigen Laut zu benennen.

■ Auch handelsübliche Holz-, Magnet-, Plastik- und Stoffbuchstaben können Sie in eine Kiste legen, diese mit einem Tuch abdecken und Ihr Kind unter dem Tuch einen bestimmten Buchstaben ertasten, herausholen und benennen lassen.

■ Wenn zum Beispiel die Buchstaben *b* und *d* in der Schule bereits unabhängig voneinander eingeführt wurden, Ihr Kind sie jedoch weiterhin verwechselt, können Sie es anhalten, die Buchstaben mehrfach aus Knetgummi zu formen und in der korrekten Richtung hinzulegen. Anschließend werden sie mit einem dünnen Tuch abgedeckt und Ihr Kind soll die Buchstaben nun ertasten und benennen.

■ Aus Versandhauskatalogen, Prospekten und Zeitungen lassen sich große Buchstaben ausschneiden, nachfahren oder einkreisen, während gleichzeitig der Laut genannt wird.

■ Stellen Sie Ihrem Kind bei einem groß gedruckten Text folgende Aufgabe: „Jetzt bin ich mal gespannt, wie viele *m* du in diesem Text einkreisen kannst."

■ Sprechen Sie Ihrem Kind ein- oder zweisilbige Wörter wie Maus, Tüte, Boden vor, in denen sich Konsonant und Vokal abwechseln, und bitten Sie es, den ersten (zweiten, dritten ...) Buchstaben zu nennen und zum Beispiel aus der Buchstabenkiste zu holen.

■ Verwenden Sie zum Üben unbekannte Texte.

■ Ermuntern Sie Ihr Kind durch kleine Quizfragen, sich den Inhalt zu erschließen.

■ Korrigieren Sie bei Lesefehlern nicht sofort. Lesen Sie das Wort nur nach längeren erfolglosen Bemühungen vor.

■ Legen Sie ein Stück Pappe auf ein Wort und decken Sie nur den ersten Buchstaben auf. Überlegen Sie mit dem Kind, wie das Wort heißen könnte. Decken Sie den zweiten (dritten, vierten ...) Buchstaben auf und überlegen wieder gemeinsam, welches Wort es sein könnte. So kreisen Sie das Wort immer mehr ein. Ihr Kind erkennt, dass von anfänglich vielen Möglichkeiten am Ende nur eine richtig ist.

■ Lassen Sie Ihr Kind laut vorlesen. Dabei wird ein weiteres Sinnesorgan angesprochen und bemerkt Fehler leichter.

■ Nehmen Sie Ihr Kind beim Lesen immer mal wieder auf Kassette auf. Es hört so seine Fehler, kann sie verbessern und lernt, auch mit Ausdruck zu lesen. Außerdem können Sie so die Fortschritte dokumentieren.

■ Lesen Sie längere Texte abwechselnd mit Ihrem Kind. Auf diese Art kann es sich an ganze Bücher wagen. Das Kind bestimmt, wie lange es lesen will und wie lange Sie vorlesen sollen.

Schreiben will geübt sein

Kinder mit Rechtschreibschwierigkeiten haben es in der Schule nicht leicht. Geübte Diktate, die Sie zu Hause intensiv vorbereitet haben, weisen in der Schule plötzlich viel mehr Falschschreibungen auf. Oder Ihr Kind verfügt über ein gutes Kurzzeit-gedächtnis und merkt sich insbesondere bei kurzen Texten die Schreibweise ganzer Wörter. Es schafft geübte Diktate recht gut. Wird der Text aber umgestellt, funktioniert diese Strategie nicht mehr, denn das Kind hat die Schreibweise der Wörter im Originaltext fotografisch abgespeichert, verfügt über keinerlei Regelwissen zur Rechtschreibung. Und ungeübte Diktate strotzen bei allen Kindern mit Lese-Rechtschreib-Schwierigkeiten nur so vor Fehlern.

Prüfungsangst hemmt zusätzlich.

Angst und Unruhe blockieren Kinder in ihren Schreibleistungen in Stresssituationen. Wundern Sie sich also nicht, wenn Ihr Kind zu Hause in entspannter und ruhiger Atmosphäre wesentlich weniger Fehler macht. Auch seine Handschrift ist dann viel sauberer und ordentlicher, wogegen das Schriftbild in der Schule kaum wiederzuerkennen ist: fahrig, undeutlich, Zeilen werden nicht eingehalten, häufige Korrekturen, zu fester Aufdruck durch eine verkrampfte Stifthaltung.

Gerade in der Grundschule werden Diktate im wöchentlichen Rhythmus geschrieben. Ab der dritten Klasse werden geübte Diktate mit der Fehlerzahl benotet: Ab sechs Fehlern eine glatte Sechs. Und dann bringt ein rechtschreibschwaches Kind eben 30 bis 40 Mal pro Schuljahr Fünfen und Sechsen nach Hause. Da andere Leistungen in Deutsch (Aufsatz, Grammatik, Lesen, Mitarbeit) sehr viel seltener bewertet werden, entsteht bei Eltern und Kindern schnell der Eindruck, in diesem Fach komplett zu versagen.

Dabei wird gerade in den Richtlinien der einzelnen Bundesländer für das Fach Deutsch darauf verwiesen, die Form und den Umfang der Leistungserhebung sowie deren Benotung dem Leistungsstand jedes Kindes anzupassen. Lehrkräfte können rechtschreibschwachen Kindern Teildiktate oder Lückentexte diktieren, auf die Benotung verzichten und stattdessen die Lernfortschritte mündlich bewerten: „Prima, du hast fünf Wörter richtig geschrieben!" Statt Fehler rot zu markieren, wäre es wesentlich sinnvoller, richtig geschriebene Wörter zu unterstreichen, und zwar am besten grün.

Auch das freie Schreiben in Form von Aufsätzen ist nicht dazu angetan, die Fantasie zu beleben. Es fällt auf, dass Schülerinnen und Schüler, die vorher gern längere Aufsätze schrieben, auf einmal nur noch sehr kurze, lückenhafte, sprachlich arme Texte verfassen. Sie denken, dass sie mit dieser Kurzfassung nicht mehr so viel falsch machen können.

Ab Klasse 3 gibt es Noten – da zählt plötzlich jeder Fehler.

Die Lust zu schreiben geht rasch verloren. Eigene Ideen sind als Aufsatzthemen per Lehrplan unmöglich – er schreibt für jede Klassenstufe Thema und Art des Aufsatzes vor. Wer kennt nicht den Dauerbrenner: „Mein schönstes Ferienerlebnis"? Zudem werden Ausdruck, Rechtschreibung und Zeichensetzung rot angestrichen und stilistische Verbesserungen gemacht. Viele Kinder äußern enttäuscht und wütend: „Die Mühe hätte ich mir sparen können, das ist ja gar nicht mehr mein Aufsatz!"

Die immer gleichen Übungen zu Rechtschreibung, Ausdrucksfähigkeit und Grammatik sind wenig abgestimmt auf die besonderen Schwierigkeiten und Lernwege von Kindern mit Lese-Rechtschreib-Schwierigkeiten. Sie können sich noch so anstrengen und kommen doch auf keinen grünen Zweig. Frustriert und enttäuscht vermeiden sie dann, überhaupt einen Stift in die Hand zu nehmen, geschweige denn etwas zu schreiben. Der ineffizienteste Weg gegen Rechtschreibschwächen sind stupide Wiederholungen der richtigen Version falsch geschriebener Wörter. Das Kind und erst recht der Jugendliche gewinnt höchstens den Eindruck, für seine besonderen Schwierigkeiten zusätzlich bestraft zu werden.

Stärken Sie das Vertrauen Ihres Kindes in seine Lesefähigkeit, indem Sie auch kleine Fortschritte loben und seine Bemühungen anerkennen!

Besser ist folgender Weg.
Achten Sie darauf, dass Ihr Kind die verschiedenen Lernwege beim Schreiben lernen nutzt:

- anschauen
- hören
- genau mitsprechen
- aufschreiben
- Regeln erinnern und anwenden
- nachschlagen im Wörterbuch

Diese Lernwege gelten unabhängig vom Lerntyp. Auch ein Kind, das etwa den visuellen Kanal bevorzugt, sollte die oben angegebenen Schritte beim Schreibenlernen beachten.

So üben Sie richtig

Der Buchhandel bietet eine Fülle von Übungsmaterial zum Thema Rechtschreibung, Diktathefte ebenso wie Hefte, die Ihr Kind eigenständig bearbeiten kann. Dieses große Angebot ist aber nur sinnvoll für Kinder, die im Prinzip die Rechtschreibung schon beherrschen. Die Übungen sind wenig abwechslungsreich und verwirren lese-rechtschreibschwache Kinder eher oder über- bzw. unterfordern sie. Viele Diktatbücher enthalten Texte, die sich einem bestimmten Rechtschreibfall widmen, zum Beispiel der Dehnung. Tatsächlich enthalten diese Texte aber Wörter mit und ohne Dehnungs-h, Doppelvokalen und eine Fülle von weiteren Fehlerfallen. Das Üben mit solchen Diktattexten führt schnell zu Frustrationen bei Kindern und Eltern.

Andere Übungen, die auch gern in der Schule verwendet werden, sind für lese-rechtschreibschwache Kinder regelrecht verhängnisvoll:

- der buchstabenweise Ab- und Aufbau von Wörtern, bei denen die Buchstaben-Laut-Zuordnung nicht eindeutig ist, zum Beispiel F*uchs*, *Qu*elle, *Vieh*, *Z*ange, *Sp*aten, *Stuh*l oder hässlich. Die Kinder haben größte Schwierigkeiten, die Laute hier eindeutig den Zeichen zuzuordnen;
- Purzelwörter, rückwärts geschriebene Wörter, Wörter in Geheimschrift, verstümmelte Wörter, Wörterschlangen und derglei-

chen. Die Kinder müssen die richtig geschriebenen Wörter sehen, um deren Schreibweise speichern zu können. Falsch geschriebene Wörter kennen sie zur Genüge;

- bewusst gegenübergestellte Ähnlichkeiten. Wörter, die ähnlich klingen, aber unterschiedlich geschrieben werden wie lehren und leeren oder identische Laute mit jeweils unterschiedlichen Buchstaben wie in Ochse, Hexe, Keks, Klecks und unterwegs müssen unbedingt zu verschiedenen Zeiten geübt werden;
- Übungen, die unterfordern, beispielsweise reihenweise in Lückenwörter Doppelkonsonanten einsetzen. Die Kinder füllen die Lücken mechanisch und gedankenlos aus und lernen nichts.

So schreibt Ihr Kind gern

Was die Entwicklung der Schreibfreude betrifft, gilt hier ebenso wie beim Lesen, dass Ihr Kind Sie als Vorbild erlebt. Aber dank der modernen Technik schreiben wir im Alltag immer seltener. Dennoch kommen wir nicht ganz ohne Schreiben aus. Kinder sollten erfahren, dass man damit viele Dinge ökonomischer bewältigen oder wichtige Ereignisse festhalten kann, die bei mündlicher Weitergabe verloren wären oder verfälscht werden. Schaffen Sie Schreibanlässe: eine Wandtafel in der Küche, die Einkaufsliste, ein Plan, wer welche Pflichten im Haushalt übernimmt, Einladungs-, Glückwunsch- und Urlaubskarten, Reisetagebuch, Brieffreundschaften, kurze Notizen für andere Familienmitglieder ...

Das richtige Schreiben fördern

Häusliche Rechtschreibübungen sollten gezielt auf die Bereiche abgestimmt sein, in denen Ihr Kind Hilfe benötigt. Die Unterscheidung der verschiedenen Fehlerarten ist ein erster Schritt, die Probleme Ihres Kindes besser zu verstehen. Denn Fehler sind zum Lernen da! Um aus den Fehlern sinnvolle Übungen ableiten zu können, benötigen Sie in der Regel die Unterstützung der jeweiligen Lehrer und Lehrerinnen. Scheuen Sie sich daher nicht, in der Sprechstunde um eine genaue Fehleranalyse und entsprechende Übungen für zu Hause zu bitten.

Aus Fehlern lernt Ihr Kind! Sie sind willkommen.

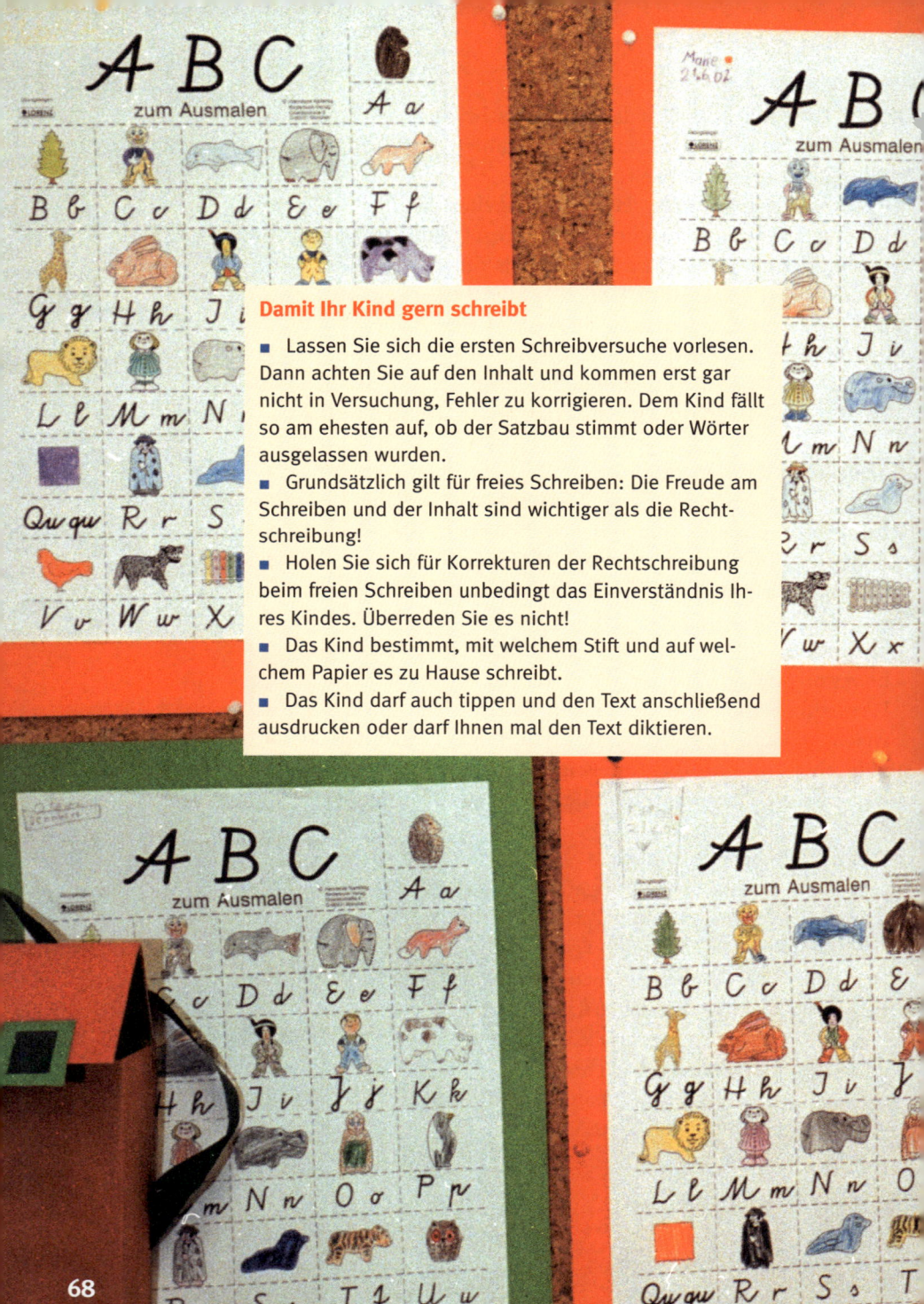

Damit Ihr Kind gern schreibt

■ Lassen Sie sich die ersten Schreibversuche vorlesen. Dann achten Sie auf den Inhalt und kommen erst gar nicht in Versuchung, Fehler zu korrigieren. Dem Kind fällt so am ehesten auf, ob der Satzbau stimmt oder Wörter ausgelassen wurden.

■ Grundsätzlich gilt für freies Schreiben: Die Freude am Schreiben und der Inhalt sind wichtiger als die Rechtschreibung!

■ Holen Sie sich für Korrekturen der Rechtschreibung beim freien Schreiben unbedingt das Einverständnis Ihres Kindes. Überreden Sie es nicht!

■ Das Kind bestimmt, mit welchem Stift und auf welchem Papier es zu Hause schreibt.

■ Das Kind darf auch tippen und den Text anschließend ausdrucken oder darf Ihnen mal den Text diktieren.

Bei der Rechtschreibung gibt es folgende Problembereiche:

1. Laut-Zeichen-Zuordnung – kann das Kind alle gehörten Laute richtig als große und kleine Buchstaben aufschreiben?
2. ähnlich klingende Laute – kann das Kind *g* und *k*, *z* und *s*, *d* und *t* usw. unterscheiden? Manche Vokale sind schwierig, weil sie im Wort unterschiedlich gesprochen und betont werden; *e* klingt in Esel, sprechen, Vater ganz verschieden, *ü* und *i* oder *o* und *u* liegen relativ dicht beieinander.
3. Buchstabengruppen, die es als feste Buchstabenfolge im Alphabet nicht gibt – kann das Kind *ng*, *nk*, *sch*, *ch*, *ß* oder *cu*, *ei* und *eu* unterscheiden?

Wenn Ihr Kind diese Punkte beherrscht, hat es wichtige Basisfertigkeiten zur Rechtschreibung erworben und kann lauttreu – also nach Gehör – Worte durchgliedern und schreiben. Damit sind aber leider noch nicht alle Tücken umschifft, denn nur ein Teil unserer Sprache wird so geschrieben, wie man es hört. Deswegen werden die Regeln wichtig, welche die Besonderheiten der deutschen Sprache beschreiben. Um sinnvoll zu üben, müssen Sie wissen, welche Ihr Kind beherrscht und welche nicht.

Probleme sind in Geschenkpapier eingepackte Lösungen!

4. Kennt Ihr Kind die Regeln für Ableitung, Dopplung und Dehnung (sie sind auf Seite 90–94 ausführlich erklärt)?
5. Wie sicher ist Ihr Kind bei der Groß- und Kleinschreibung sowie Zusammen- und Getrenntschreibung?
6. Beherrscht Ihr Kind Sonderschreibweisen wie Doppelvokale, kann es *v* und *f* sicher anwenden, *v* und *w* auseinander halten, kennt es *dt*, *th*, *rh*, *y*, *ai*?
7. Kann Ihr Kind *st*, *sp* und *qu* schreiben, obwohl man ‹scht›, ‹schp› und ‹kw› hört? Für die Lautkombination ‹ks› gibt es fünf (!) verschiedene Schreibweisen: *chs*, *x*, *cks*, *ks* und *gs*.

Die Reihenfolge der Auflistung gibt in etwa auch den zunehmenden Schwierigkeitsgrad in der Rechtschreibung an. Sie können sich auch bei der Reihenfolge der Übungen daran orientieren. Lediglich Punkt 7 und die Sonderschreibweise v/f müssen frühzeitig und fortlaufend gelernt werden.

Die wichtigste Grundlage für die Entwicklung erfolgreichen Rechtschreibens ist die Sicherheit beim Hören der Laute. Sie helfen Ihrem Kind nicht, wenn Sie beispielsweise Wörter mit Konsonantendopplungen üben, Ihr Kind aber einige Buchstaben gar nicht kennt oder ein Wort nicht richtig durchgliedern kann und daher immer wieder Buchstaben auslässt oder vertauscht. Erst wenn Ihr Kind lauttreu schreiben kann, hat es eine solide Grundlage. Alles, was es dann schreibt, kann man lesen und auch verstehen. Auf diese Fähigkeiten sollten Sie Ihr Kind aufmerksam machen, wenn es das Gefühl hat, gar nichts richtig schreiben zu können.

Halten Sie Ihr Kind an, richtig hinzuhören.

Laut und Zeichen richtig zuordnen

Die Übungen zur Laut-Zeichen-Zuordnung haben Sie bereits im entsprechenden Abschnitt über das Lesen kennen gelernt.
Hier nun weitere Vorschläge:

- Sie legen einzelne Buchstaben mit einem dicken Seil auf dem Fußboden aus und Ihr Kind ertastet barfüßig mit geschlossenen Augen seine Form.
- Das Kind malt die Zeichen mit großen Armbewegungen in die Luft oder mit einem Schwamm auf die Badezimmerfliesen oder schreibt sie in eine mit Sand gefüllte Kiste.
- Befestigen Sie Packpapierrollen an der Wand, hängen Sie eine große Tafel auf oder streichen Sie die Zimmertür mit Tafellack, damit Ihr Kind sie zum Schreiben einzelner Buchstaben, Silben oder Wörter nutzt.

Zeigt Ihr Kind Schwierigkeiten, ähnlich klingende Laute zu unterscheiden, bieten sich folgende Übungen an: Zunächst sprechen Sie Ihrem Kind Wörter zum Beispiel mit k als Anfangslaut vor (Karte, Kinder, Kasten, kennen, kurz, kalt). Ihr Kind soll diese deutlich nachsprechen und den Anfangslaut je nach Wortart groß oder klein aufschreiben. Im nächsten Schritt mischen Sie k-Wörter mit anderen. Ihr Kind wiederholt nur die k-Wörter und schreibt den Buchstaben je nach Wortart groß oder klein auf. Anschließend üben Sie mit Wörtern, in denen der Laut k im Wortinneren zu hören ist (Ekel,

Luke, spuken, Haken). Wenn das „sitzt", können Sie den Schwierigkeitsgrad erhöhen und Wörter mit Konsonantenhäufungen am Wortanfang und im Wortinneren aussuchen (Kleider, Krach, Kleister, melken, merken, Balken, Birke). Erst wenn Sie die ähnlich klingenden Laute auf diese Art isoliert geübt haben, dürfen sie gemischt werden. Ähnlich können Sie auch Lautverbindungen wie *ng/nk, au, ei, en, s, sch/ch* sowie *sp/st* im Unterschied zu *schl, schm* usw. üben.

Zeigt Ihr Kind Schwierigkeiten, Worte in Laute und Silben zu gliedern, können Sie Ihrem Kind ein Wort vorsprechen, das so geschrieben wird, wie man es spricht (zum Beispiel Limonade), lassen es nachsprechen und dann die einzelnen Laute in der richtigen Abfolge benennen und aufschreiben. Als zusätzliche Hilfe bietet sich die Lautkette an, die mittlerweile in Schulen eingeführt wird. Sie dient als Stütze zum „Begreifen". Fangen Sie mit Wörtern an, in denen sich Vokale und Konsonanten abwechseln, üben Sie später Wörter mit Konsonantenhäufungen und Diphthongen (*ei, au, eu*). Beginnen Sie mit kurzen Wörtern und wählen Sie später längere oder zusammengesetzte wie Krankenschwester oder Schlangenbeschwörer.

Lautketten, Fühlbuchstaben, Anlauttabellen und andere Materialien zum Lesen und Schreiben können Sie auch in der Buchhandlung bestellen. Sie werden von Schulbuchverlagen angeboten.

Motorisch unruhige Kinder haben folgende Möglichkeit: Markieren Sie mit Tesakrepp drei mal drei Felder auf dem Fußboden. Ihr Kind sucht die einzelnen Buchstaben für ein Übungswort heraus. Sie verteilen diese auf die Felder. Nun muss Ihr Kind das Wort erhüpfen, indem es das Wort gedehnt spricht und das zum gerade gesprochenen Laut gehörende Buchstabenfeld anspringt. Wichtig ist hier das gedehnte Sprechen der Wörter. Auch hier sollten Sie unbedingt vermeiden, ähnlich aussehende oder ähnlich klingende Buchstaben (eu/äu) gleichzeitig schreiben zu lassen, da Fehler sonst geradezu vorprogrammiert sind. Holen Sie sich die Worte aus der Fibel oder anderen Materialien, bevor Sie sich den Kopf zerbrechen.

Ist die Laut-Zeichen-Zuordnung nach solchen Übungen gesichert, können Sie einzelne lauttreue Wörter oder kurze Sätze diktieren. Erklären Sie die Sonderschreibungen *sp, st, qu, x, chs, cks,* aber üben

Sie diese auf jeden Fall zu verschiedenen Zeiten. Weisen Sie das Kind auf den Unterschied zwischen Gehörtem und Geschriebenem hin. Sammeln Sie mit Ihrem Kind Beispielwörter.

Viele Probleme in der Rechtschreibung ergeben sich aus den verschiedenen Dialekten. Auch wenn es Ihnen einige Mühe bereitet, achten Sie unbedingt bei sich selbst und Ihrem Kind auf die hochdeutsche Aussprache und grammatikalisch richtige Sätze mit den notwendigen Endungen. In manchen Gegenden hört man den Unterschied zum Beispiel zwischen *s* und *ß* nicht. Hier bietet sich zur Einübung eine Wortliste an.

Das Schreiben nach Regeln

Besprechen Sie mit Ihrem Kind einzelne Rechtschreibphänomene, suchen Sie gemeinsam Beispielwörter. Die zugehörigen Merksätze sollte Ihr Kind mit eigenen Worten wiedergeben können. Lassen Sie es einzelne Wörter immer daran überprüfen. Häufig werden die Regeln während der Grundschulzeit eingeübt, für Kinder mit Lese-Rechtschreib-Schwierigkeiten sind die Übungszeiten aber zu kurz.

Anhand der Erklärungen im Anhang können Sie mit Ihrem Kind den Grundwortschatz getrennt nach den einzelnen Bereichen üben. Auch hier gilt es, mit Einzelwortübungen zu beginnen. Bedenken Sie bitte, dass Ihr Kind für die Anwendung einer Regel mitunter viele Wochen benötigt. Schnelle Erfolge sind bei diesen schwierigen und teilweise komplexen Phänomenen nicht zu erwarten. Ausdauer und Ermutigung sind deshalb von besonderer Bedeutung. Jedes richtig geschriebene Wort

Tipp

Üben Sie äußerste Vorsicht bei Eselsbrücken und Rechtschreibregeln! Manchmal lernen Kinder verkürzte oder irreführende Versionen der Regeln, wie zum Beispiel: „Nach einem kurz betonten Vokal kommt eine Doppelung!" Stimmt – aber leider bei weitem nicht immer: B*a*lken, T*a*kt, *o*ft, schw*a*rz, st*o*lz. Die Liste der „Ausnahmen" mit kurzem Vokal ohne drauffolgende Dopplung ließe sich fortsetzen.

ist ein Sieg. Die Einübung regelhaft geschriebener Wörter bedarf des ständigen lauten Nachdenkens über die Besonderheit: „Das Wort *rollt* kommt von *rollen*, das *o* klingt kurz, ich brauche zwei Konsonanten, also zwei *l*. Außerdem ist es ein Verb, ich muss es kleinschreiben."

Tipp

Vermeiden Sie beim Üben unbedingt, Texte mit falsch geschriebenen Wörtern anzubieten, die Ihr Kind korrigieren soll. Fehlertexte sind nur etwas für geübte Rechtschreiber.

Bei Wörtern mit mehreren Besonderheiten wie zum Beispiel *Verständnis* müssen alle Erklärungen benannt werden: „*Verständnis* hat die Vorsilbe *ver*, also mit *v*, es kommt von *verstanden*, also mit *ä* und *d*. Es ist ein Nomen, ich schreibe es groß, wegen der Endsilbe *nis* bzw. weil ich den Artikel davor setzen kann." Diese Vorgehensweise ist sehr aufwändig, aber Ihr regelmäßiges Üben führt mit der Zeit dazu, dass Ihr Kind die Regeln selbstständig anwenden kann. Die Mühe lohnt sich!

Korrigieren Sie Fehler zunächst nicht, sondern fragen Sie Ihr Kind, warum es das Wort so und nicht anders geschrieben hat. Anerkennen Sie die oft logischen Erklärungsversuche Ihres Kindes. Beim Korrigieren sollte Ihr Kind jeweils die korrekten Erklärungen nennen.

Es gibt übersichtliche Grammatiken für Schüler, die das Erklären erleichtern. Erkundigen Sie sich im Buchhandel danach.

Zum Abschluss dieses Themas noch drei Hinweise:

- Kennt Ihr Kind den Aufbau von Wörtern, also Vorsilben, Wortstämme, Endungen und Wortfamilien? Sie sind eine große Hilfe bei der Strukturierung und können Rechtschreiben wesentlich erleichtern.

- Üben Sie mit Ihrem Kind die Mehrzahlbildung bei Substantiven, Zeitenbildung bei Verben und Steigerungsformen von Adjektiven. Sie helfen damit Ihrem Kind, seinen Wortschatz wesentlich zu erweitern.

- Üben Sie die Rechtschreibung auch immer mal wieder mündlich und lassen Sie sich die Schreibweise begründen. Jeden Tag zusätzlich zu schreiben verweigern manche Kinder schnell!

Wichtig: richtig korrigieren

Kinder korrigieren Wörter gern, indem sie

- einzelne Buchstaben durchstreichen und die Korrektur darüber schreiben,

Falsch geschriebene Wörter sollten bei der Korrektur vollständig neu geschrieben werden.

- Buchstaben nachträglich einsetzen
- oder Pfeile nach oben oder unten vor ein Wort setzen, um die Groß- oder Kleinschreibung zu ändern.

So haben Kinder mit Rechtschreibschwierigkeiten keine Chance, die richtige Schreibweise im Gedächtnis abzuspeichern. Sie sollten grundsätzlich ein falsch geschriebenes Wort neu schreiben. Denn auch der Bewegungsablauf über die Hand wird im Gedächtnis gespeichert.

- Nützliche, weil korrekturfreundliche Schreibmaterialien sind Bleistift und Radiergummi, Füller und Tintenkiller, Tafelkreide und Schwamm.

- Ermutigen Sie Ihr Kind beim Schreiben eines Diktates, unter Wörter, bei denen es sich unsicher ist, einen Punkt zu setzen. So entwickelt es die Fähigkeit zur Selbstkorrektur.

- Sagt Ihr Kind: „Hm, ich glaube das Wort ist falsch, da fehlt noch was", ist das ein sehr gutes Zeichen und unbedingt zu loben.

- Kinder, eigentlich auch Erwachsene, neigen dazu, in eigenhändig Geschriebenem zu lesen, was sie glauben geschrieben zu haben und nicht, was tatsächlich auf dem Blatt steht. Lassen Sie deshalb diktierte Texte von hinten nach vorne lesen. Sollte Ihr Kind zusätzlich große Leseschwierigkeiten haben, kann es bei einzelnen Wörtern eine Lesefolie benutzen. Beim Rückwärtslesen kann Ihr Kind nur die Rechtschreibung überprüfen. Ausgelassene Wörter oder grammatikalisch falsche Endungen sind so nicht zu finden.

- Korrigieren heißt auch, alle richtig geschriebenen Wörter zu unterstreichen. Überlassen Sie es Ihrem Kind, falsche Wörter zu berichtigen. Hat es hierbei Schwierigkeiten, unterstützen Sie es und entwickeln gemeinsam die richtige Schreibweise.

Lernen mit einer Lernkartei

Mit einer Lernkartei wird der Stoff in kleinste, Erfolg versprechende Einheiten zerlegt. Neue Wörter werden häufiger wiederholt, bis die Schreibweise gesichert ist. Für eine Lernkartei benötigen Sie einen Karteikasten mit vier Registerkarten zur Einteilung und verschiedenfarbige Karteikarten. Sie können die Farben nach den in der Schule eingeführten Wortarten übernehmen (Nomen/Substantive auf blau, Verben auf rot, Adjektive auf grün, sonstige Wörter auf gelb) oder unterteilen farblich nach Regelbereichen (lauttreu, Ableitung, Dopplung, Dehnung usw.).

Im Buchhandel können Sie fertige Blanko-Lernkarteien bestellen.

Das Wortmaterial richtet sich individuell nach den Fehlerwörtern Ihres Kindes. Es sollte von einem Erwachsenen richtig und gut lesbar auf die Karteikarten nach folgenden Kriterien geschrieben werden:

1. Substantive mit Artikel und Mehrzahl:
   das Land – die Länder
2. Verben in der Grundform und mit Personalpronomen im Präsens, Imperfekt und Perfekt:
   sagen – sie sagt – sie sagte – sie hat gesagt
3. Adjektive mit den verschiedenen Steigerungen:
   bunt – bunter – am buntesten
4. schwierige Stellen im Wort markieren und lang betonte Vokale mit einem Strich und kurze Vokale mit einem Punkt versehen:
   knallen – es knallt – es knallte – es hat geknallt
   führen – ich führe – ich führte – ich habe geführt
5. alle Wörter aus Regelbereichen mit einem anderen Wort aus der Wortfamilie ergänzen, welches die Schreibweise erklärt:
   das Gebäude – die Gebäude – der Bau

Die Lernkartei berücksichtigt wichtige pädagogische und lernpsychologische Erkenntnisse:
Der Stoff muss beim Lernen wiederholt werden.
Neu Gelerntes wird ohne stete Wiederholung leicht vergessen.

- Manche Kinder mit Lese-Rechtschreib-Schwierigkeiten haben Probleme, sich die Wortart (Substantiv, Verb, Adjektiv) zu merken. Schreiben Sie diese dann zu dem entsprechenden Wort auf die Rückseite in der Lernkartei.

Geübt wird nun wie folgt:
- Mehrere Wörter können einzeln diktiert werden.
- Aus mehreren ausgesuchten Karteiwörtern wird ein Satz gebildet, diktiert und wie oben beschrieben korrigiert. Älteren Kindern werden längere Sätze in einzelnen Abschnitten diktiert, um gleichzeitig die Zeichensetzung einzuüben.
- Die Wörter oder Sätze können zum Diktat auch auf eine Kassette gesprochen werden.
- Mischen Sie lauttreue Wörter mit Regelwörtern.
- Enthalten mehrere Karteikarten Wörter aus einer Wortfamilie, können diese zusammengefasst geübt und mündlich durch weitere Veränderungen ergänzt werden.
- Richtig geschriebene Wörter sortiert Ihr Kind in das zweite Fach ein. Falsch geschriebene verbleiben im ersten Fach. Werden Wörter aus dem zweiten (dritten ...) Fach wiederholt, wandern richtig geschriebene Wörter in Fach drei (vier ...), falsch geschriebene zurück in Fach eins. Auf diese Art füllen sich die Fächer allmählich.

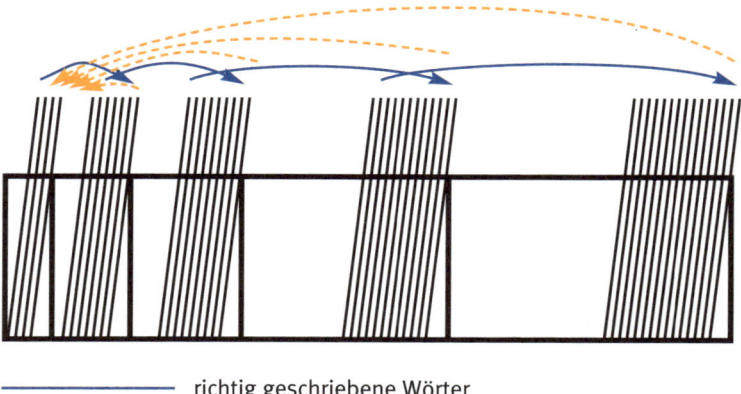

So sieht eine ▶
Lernkartei aus.

―――――――― richtig geschriebene Wörter
------------- falsch geschriebene Wörter

Schuldiktate vorbereiten

30 Fehler sind kein Bein-bruch! In unserer thera-peutischen Arbeit erleben wir immer wieder ältere Kinder, die völlig frus-triert sind, weil sie so viele Fehler gemacht haben wie schon in der dritten Klas-

Tipp

Manche von der Schule vorgegebenen Übungsformen sind für Kinder mit Lese-Rechtschreib-Schwierigkei-ten nutzlos. So fördert das saubere Abschreiben ei-nes Diktates ohne bewusste Auseinandersetzung mit dem Wortmaterial nicht die Rechtschreibsicherheit. Vereinbaren Sie mit der Lehrkraft, stattdessen nach der oben beschriebenen Vorgehensweise zu üben.

se. Dabei vergessen sie ganz, dass Texte in höheren Jahrgangsstu-fen länger und die Worte wesentlich anspruchsvoller sind. Bei 130 Wörtern stehen den 30 Fehlern 100 richtig geschriebene Wörter po-sitiv gegenüber.

Schwankungen in der Fehlerzahl von einem Diktat zum nächsten sind durchaus verständlich, denn Texte sind unterschiedlich schwer, Fehler auch eine Frage der Tagesform und die Aufmerk-samkeit kann sich durch vorangegangene Übungen auf andere Punkte verlagert haben. Manchmal ist das Kind auch verführt, sich in falscher Sicherheit zu wiegen, weil es **Achten Sie darauf,** gut vorbereitet ist. Dann heißt es, das seien Leicht- **welche Fehler Ihr Kind** sinnsfehler. **macht.**

Gibt es so etwas? Nein! Jedenfalls nicht in dem Sinn, dass ein Kind leichten Herzens Falschschreibungen in Kauf nimmt. Fehler sind auch Ausdruck von Konzentrationsschwäche und Unaufmerksamkeit aufgrund von Über- oder Unterforderun-gen. So lässt sich erklären, warum sehr schwierige Wörter richtig und einfache Wörter unmittelbar davor oder danach falsch ge-schrieben werden. Ihr Kind lenkt seine volle Konzentration auf die schwierigen Wörter und hat somit kaum mehr Kapazitäten für die vermeintlich „leichten". Überforderungen lassen sich auch an der Fehlerverteilung erkennen. Meist werden am Anfang weniger, zum Ende hin immer mehr Wörter falsch geschrieben. Teildiktate und Lückentexte bieten daher eine echte Erfolgschance.

So können Sie mit Ihrem Kind ein Diktat vorbereiten

1. Auf Seite 90–94 finden Sie eine Übersicht über Rechtschreibphänomene, die besondere Stolpersteine bei LRS sind. Fertigen Sie eine Tabelle nach den verschiedenen Rechtschreibbereichen an, am besten auf dem Computer, damit Sie die Vorlage immer wieder ausdrucken können.

2. In einem ersten Durchgang soll das Kind die Wörter des Diktates in die einzelnen Spalten einordnen, eventuell mit Ihrer Hilfe.
Hat ein Wort mehrere Besonderheiten, muss es auch mehrfach zugeordnet werden, zum Beispiel pas*sie*ren zu Doppelmitlaut *und* zu ie.

3. In einem zweiten Durchgang liest das Kind alle Wörter laut vor und ergänzt die Wortart und auf welche Rechtschreibschwierigkeit hier zu achten ist: „*Knallt* ist ein Verb, kommt von *knallen*, ich muss es mit zwei *l* schreiben."

4. Beim dritten Durchgang wird der Text Wort für Wort von hinten nach vorne diktiert. Ihr Kind schreibt die Wörter in die leere Tabelle. Wenn dabei noch viele Fehler auftreten, wiederholen Sie die letzten beiden Arbeitsschritte. Kinder, die einfache Wörter wie *sie, ein, die, ich, nur, ist* beherrschen, brauchen diese hier natürlich nicht diktiert bekommen. Kinder, die sehr gut lauttreu schreiben, üben nur die Wörter aus den Regelbereichen und Sonderschreibweisen.

5. Für den letzten Arbeitsschritt teilen Sie das Diktat in kleine Abschnitte ein, die Sie über mehrere Tage verteilt diktieren. Hierbei empfiehlt es sich auch, den Text umzustellen.

6. Für manche Kinder wirkt es entlastend, wenn ihnen erklärt wird: „In deinem neuen Diktat kommen nur drei Wörter mit *ie* vor, alle anderen schreibst du mit einfachem *i*."

lauttreue Wörter	Ableitung: b/p, d/t, g/k	Ableitung: ä/äu	Doppel-konsonant	Dehnungs-h
Maschine	rund	ärgern	rinnt	Sohle
geschaltet	grob	Gebäude	fällt	stiehlt
fürchten	klug	fällt	Gebiss	gelohnt
kurz	Hupton	wächst	Strecke	berühmt
	welkte	färbt	jetzt	
	färbt			

Ableitung Silben-h	Doppel-vokal	ie	Ableitung s/ß	V/v	Sonder-schreib-weise
droht	doof	stiehlt	Gruß	viel	Stadt
Weih-nachten	Aal	frieren	löst	verkauft	Mai
Frühling	Idee	liest	stößt	vorne	Hexe
verzeiht		kopieren	liest	verzeiht	wächst
		viel			quer
					spülte

Diese Art der Diktatübung dient dazu, dass Ihr Kind die Rechtschreibung unabhängig vom Textzusammenhang mit Blick auf die Problemstellen im Wort lernt. Sie sprengt den Zehn-Minuten-Zeitrahmen, aber die Vorbereitung von Diktaten gehört auch in den Bereich der Hausaufgaben.

Auf die Einstellung kommt es an

Neben der Vorbereitung eines Diktates ist die innere Einstellung des Kindes entscheidend für den Erfolg. Sprechen Sie mit Ihrem Kind über folgende Punkte:

Entscheidend ist, dass Ihr Kind mit einer positiven, entspannten Einstellung in die Schule geht: „Ich bin gut vorbereitet, bleibe ruhig und schau mal, was ich heute alles kann!"

- Bitten Sie Ihr Kind, am Abend zuvor in Ruhe die notwendigen Arbeitsmaterialien in den Schulranzen zu packen: Füller gefüllt? Bleistift gespitzt? Radiergummi oder Tintenkiller vorhanden? Heft eingepackt?
- Raten Sie Ihrem Kind, Punkte unter Wörter zu setzen, bei denen es unsicher ist.
- Ermutigen Sie Ihr Kind sich zu melden, wenn es etwas nicht verstanden hat oder mehr Zeit zum Schreiben braucht.
- Weisen Sie es noch mal auf die Möglichkeit hin, den Text von hinten nach vorn zu lesen. Insbesondere bei Teildiktaten oder Lückentexten hat es hierfür genug Zeit.
- Sagen Sie Ihrem Kind, dass sich seine Rechtschreibleistung nicht negativ auf seine Deutschnote auswirkt.

Legastinie

Ich finde Legastinie gar nicht so schlimm. Man ist so wie ein normaler Mensch und man merkt es kein andos man Legastini hatt. Meine Freunde finden es auch nicht so schlimm, sie halten zu mir und helfen mir doch wennich ein Wort nicht schreiben kann. Ich habe Angst wenn mich jemand auslacht und mich beleidigt wegen der Legastinie. Ich wünsche mir so wenig Fehler zu machen und das mich keiner auslacht. Ich treume beim schlafen fast immer das ich in Nachschriften 0 Fehler und 0 Fehler in Diktaten habe. Ich hoffe, dass das auch mal in meinem Leben passirt und nicht immer in dem Traum.

Handschrift – reine Geschmackssache?

in einen Satz dan ergere ich mich darüber.
Es ergert mich wenn ich schön geschrieben
haben und die Lehrer schreiben unter meine
Hausaufgabe das ich sehr viel schöner schreibe
könnte.
Ich würde mir wünschen das meine Lehrer viel
heufiger sagen das hast du gut gemacht.

Häufigen Anlass für Kritik bietet das Thema Schriftbild. Sinn oder Unsinn der Schriftnote in der Grundschule werden seit langem kontrovers diskutiert. Manche Kinder, meistens Mädchen, neigen dazu, Buchstaben und Wörter mehr zu malen als zu schreiben. Die Schrift sieht dann nahezu perfekt aus, allerdings ist das Schreibtempo extrem langsam und die Wörter sind trotzdem fehlerhaft. Andere Kinder haben mit der Handschrift große Schwierigkeiten: Sie halten den Stift falsch, drücken stark auf, weil sie den Stift fest umklammern, ihre Schrift wirkt krakelig und ungelenk, sie sind nicht in der Lage, die Zeilen einzuhalten, und manchmal sind Buchstaben nicht voneinander zu unterscheiden. Hier drückt sich oft auch ihre seelische Verfassung aus.

Berichtigen Sie eine falsche Schreibhaltung so bald wie möglich.

Mittlerweile lernen die Schüler in fast allen Bundesländern als erste Schreibschrift die vereinfachte Ausgangsschrift (VA). Wahrscheinlich müssen Sie sich als Eltern diese Schriftform neu erarbeiten, und in manchen Punkten ist die VA auch für die Kinder schwieriger als die früher verwendete lateinische Ausgangsschrift. Das kleine *e* ist nicht ganz einfach, weil es auf der Mittellinie beginnen soll. Andere Buchstaben wie *A* und *t* können miteinander verwechselt werden.

Vorteile der VA gegenüber „Lateinischer Ausgangsschrift":

- Die große Ähnlichkeit mit der Druckschrift erleichtert den Übergang von der Druck- zur Schreibschrift.
- Die VA verzichtet auf Schnörkel und Wellenlinien, die dem Anfänger sehr schwer fallen.
- Das Schriftbild wird klarer.
- Fast alle Buchstaben beginnen und enden an der gleichen Stelle und es entsteht schnell eine rhythmische Schreibbewegung.
- Die VA lässt mehr Raum für persönliche Veränderungen und unterstützt so die Entwicklung einer individuellen Handschrift.

Lassen Sie Ihr Kind seinen Lieblingsstift selbst aussuchen.

Für die Handschrift ist wichtig, dass der Stift von Anfang an richtig gehalten wird. Es ist viel schwieriger, eine falsche Haltung nachträglich zu ändern. Dicke Dreiecksstifte eignen sich am besten für kleine Kinderhände. Es gibt sie als Bleistifte oder Tintenroller. Erfahrungsgemäß lehnen Erst- und Zweitklässler diese häufig ab. Bei ihnen sind Kugelschreiber, Füller und Filzschreiber viel beliebter, denn schließlich möchten sie die gleichen Materialien benutzen wie die Großen. Doch solche Stiftarten sind für längere Texte eher ungeeignet, da ungeübte Schreiber damit zu großen Druck ausüben. Der Stift beginnt zu kratzen, der Schreibfluss wird gestört. Bei Schreibübungen zu Hause darf Ihr Kind sich aus Gründen der Motivation den Stift natürlich selbst auswählen. Übrigens greifen größere Kinder manchmal wieder gern auf die Dreiecksstifte zurück.

Auch der richtige Bewegungsablauf muss von Beginn an eingeübt werden. Viele Kinder mit Lese-Rechtschreib-Schwierigkeiten neigen vor allem beim schnelleren Schreiben dazu, bestimmte Buchstaben kaum voneinander zu unterschei-

Tipp

Daneben können Sie Ihrem Kind Entspannungs- und Lockerungsübungen zeigen: abwechselnd Finger spreizen und zur Faust ballen, Hände ausschütteln, Handflächen und Unterarme drehen, Finger strecken und beugen, mit Fingern auf den Tisch trommeln, pantomimisch Wäsche auswringen, Zucker streuen, Brillengläser putzen, rudern etc.

den. Meist wird dies in Diktaten als Fehler angestrichen, und die Kinder fühlen sich zu Unrecht kritisiert. Lenken Sie die Aufmerksamkeit des Kindes auf seine korrekt ausgeformten Buchstaben und Wörter und markieren Sie diese beim häuslichen Üben farbig.

Das Kreuz mit der Grammatik

Grundsätzlich ist die Sprachbetrachtung für alle Schüler und Schülerinnen sehr abstrakt und daher meist unbeliebt. Müssen Wortarten, Fälle, Satzglieder oder Zeiten bestimmt werden, verzweifeln viele und geben auf. Auf einmal können sie keinen Satz mehr richtig bilden und sind blockiert.

In der Schule wird dem intensiven Einüben von wichtigen Grammatikbereichen oft zu wenig Zeit eingeräumt. Die einzelnen Themen werden kurz und didaktisch uninteressant behandelt, für die nächste Klassenarbeit abrufbar gelernt und sofort wieder vergessen. Aber gerade das Wissen um Wortendungen oder die Kenntnis von Wortarten wäre vielen Kindern

Viele Kinder mit Lese-Rechtschreib-Schwierigkeiten übertragen ihre Abneigung gegen das Schreiben auf das gesamte Fach Deutsch.

mit Lese-Rechtschreib-Schwierigkeiten eine wichtige Hilfe. Auch der bewusste und sichere Umgang mit Fällen und Satzgliedern erleichtert ihnen, korrekte Sätze zu bilden.

Wenn Sie mit Ihrem Kind zu Hause üben, können Sie immer wieder Erklärungen und Übungen zur Grammatik mit einbeziehen. Dieses sehr abstrakte Umgehen mit Sprache braucht nämlich ein fortlaufendes Training. Das zwingt Sie natürlich dazu, sich das Thema selbst anzueignen – lassen Sie sich vom Lehrer dabei unter-

Kinder müssen nicht schön, sondern richtig schreiben! Eltern und Lehrkräfte sollten auf das feinmotorische Geschick des Kindes Rücksicht nehmen. Die Schrift sollte lesbar sein, mehr nicht.

Tipp

Auf folgenden Internet-Seiten finden Sie Erklärungen und Übungsmöglichkeiten für Grammatik, Aufsatz und Rechtschreibung:

http://www.kidsnet.at
http://www.udoklinger.de
http://zum.de
http://www.al.lu/deutsch

stützen. Es ist schon hilfreich, wenn Sie grammatisch richtig sprechen. Ihr Kind sollten Sie nur sehr behutsam korrigieren. Korrektes Wiederholen eines falschen Satzes reicht. Bei der Bestimmung der Satzglieder kann folgende Methode helfen: Schreiben Sie die einzelnen Fragen auf verschiedenfarbige Notizzettel, etwa rot für das Prädikat (Satzaussage), blau für das Subjekt (Satzgegenstand), gelb für Objekte (Satzergänzungen) und weiß für adverbiale Bestimmungen (Angaben der Zeit, des Ortes, der Art und Weise und des Grundes). Nun schreiben Sie oder Ihr Kind einen Satz großflächig auf ein Blatt Papier. Ihr Kind wählt einen farbigen Zettel aus und versucht das dazugehörige Satzglied zu finden. Dieses wird jetzt ausgeschnitten und auf den Zettel gelegt. Mit dieser Methode wird nach und nach der ganze Satz auseinander genommen. Abschließend stellt Ihr Sohn oder Ihre Tochter den Satz wie ein Puzzle mit allen Umstellmöglichkeiten wieder zusammen.

Das Spiel ist die natürlichste Form kindlichen Lernens.

Spielerisch üben

„Erst die Arbeit, dann das Vergnügen!" Den Spruch bekommen Kinder häufig zu hören. Aber Spielen ist für Ihr Kind sehr wichtig. Durch das Spiel erschließt es sich die Welt, tritt mit anderen in Kontakt und sammelt vielerlei Erfahrungen. Es übt seine Sprache, sein Sozialverhalten, seine Wahrnehmung, Ausdauer, Konzentration, Frustrationstoleranz, Motorik und lernt spielerisch, Gefühle auszudrücken. Somit kommt dem Spiel eine wichtige entwicklungspsychologische Aufgabe zu: Das Spiel ist die natürlichste Form kindlichen Lernens.

Kinder, die schon viele Misserfolge erlebt haben, können im Spiel ihre Gefühle einbringen, indem sie Freude, Ängste oder Wut zeigen und sich über Mimik, Gestik, Körperhaltung und Stimmlage mitteilen. In einer entspannten Atmosphäre fördern Spiele das Selbstbewusstsein, ermöglichen vielfältige Lernerfahrungen und vermitteln dem Kind positive Erlebnisse durch Erfolge.

Kinderzeitschriften, Kinderseiten in Illustrierten, Witzebücher, Kreuzworträtsel sind für Kinder lustig, attraktiv und spannend. Und gleichzeitig liest und schreibt Ihr Kind.

Empfehlenswerte Spiele

Spielideen

Anregungen, welche Spiele für welche Schwerpunkte in Frage kommen (ohne Anspruch auf Vollständigkeit):
Informationen zu Spielen finden Sie zum Beispiel bei „Spielbox",
W. Nordheide Verlag GmbH, 96117 Memmelsdorf oder unter
www.toy-net.ch/nostheide.
Der Arbeitsausschuss Kinderspiel und Spielzeug e.V. hat zwei gute
Ratgeber veröffentlicht: „Vom Spielzeug und vom Spielen" und
„Das Spielzeugbuch". www.spielgut.de
Links zu detaillierten Beschreibungen und Bewertungen von Spielen
finden Sie im Internet unter: www.luding.org.

Wahrnehmung und Gedächtnis

- Blinde Kuh (Ravensburger)
- Coco Crazy (Ravensburger)
- Confusion (FX)
- Differix (Ravensburger)
- Fischers Fritz (Amigo)
- Halli Galli (Amigo)
- Hexentanz (Schmidt)
- Lauschwunder (Karl-Schubert-Werkstätten, Filderstadt)
- Ligretto (Rosengartenverlag)
- Memo Crime (ab 12, Ravensburger)
- Monster Memo (Ravensburger)
- Nanu? (Ravensburger)
- Paternoster (Ravensburger)
- Sagaland (Ravensburger)
- SET (FX)
- Solche Strolche (Amigo)
- Verrücktes Labyrinth (Ravensburger)

Geschicklichkeit

- Carabande (Gold Sieber)
- Carrom (Fingerbillard, verschiedene Verlage)
- Jenga (MB)
- Karambolage (Haba)
- Labyrinth (Murmelspiel von Brio)
- Magnetic Balance Spiel (Speranta Spiele)
- Mikado
- Murmelspiele (House of Marbles)
- Plitsch-Platsch-Pinguin (Ravensburger)
- Stapelmännchen (Ravensburger)
- TWISTER (MB)
- Zitter-Partie (Ravensburger)

Wortschatz und Ausdrucksfähigkeit

- Activity (Piatnik)
- Barbarossa (Ass/Kosmos)
- Die Story vom Pferd (Ravensburger)
- Es war einmal ... (Amigo)
- Memo Crime (Ravensburger)
- Pantomimik (Castor-Fiber Spieleverlag)
- Papperlapapp (Gold Sieber)
- Tabu (MB)

Lesefähigkeit

- Erstes Lesen (Ravensburger)
- Kinder-Quiz (arsEdition)
- Lachen Lachen (Schmidt)
- Lese-Lotto (Ravensburger)
- Quartettkarten
- Spielepack 1 (Easylearn; enthält: Lese-Halli-Galli, Schiffe versenken mit Silben, lustige

Sätze bilden, Wörter-Memory, Mensch Ärgere Dich Nicht mit Wörtern)
- Top Words (Parker)
- Trivial Pursuit (Parker)
- Wer wird Millionär (Hasbro)
- Zaubertricks (verschiedene Verlage)

Lesen und Rechtschreiben

- Letra Mix (Schmidt)
- Rechtschreibkönig (Veritas)
- Scrabble (Spear)
- Tick-Tack-Bumm (Piatnik)
- Top Words (Parker)
- Wort Fix (Ravensburger)

Der PC als Hilfe bei Lese-Rechtschreib-Schwierigkeiten

In der heutigen Zeit gehört der Computer zur kindlichen Erfahrungswelt. Er übt auf sie eine große Faszination aus. Für rechtschreibschwache Kinder ist der PC eine gute Möglichkeit, sich schriftlich auszudrücken und mitzuteilen. Fehler sind schnell gefunden und können leicht korrigiert werden. Wortwahl, Satzbau, Textgliederung und Zeichensetzung sind immer wieder ohne große Anstrengungen veränderbar. Schriftart und Layout können selber bestimmt werden. Der PC verliert nicht die Geduld und macht keine abwertenden Bemerkungen. So arbeiten viele Kinder wesentlich ausdauernder, aufmerksamer und konzentrierter am Rechner.

Leider sieht es für Schüler und Schülerinnen mit Lese-Rechtschreib-Schwierigkeiten auf dem Lernsoftwaremarkt ähnlich trübe aus wie bei Übungsmaterialien in Buchform. Es existieren kaum gute, effektive Lernprogramme. Außerdem sind die Altersangaben oft irreführend. Im Anhang finden Sie eine Auswahl empfehlenswerter Lern- und Spielprogramme für Kinder mit Lese-Rechtschreib-Schwierigkeiten. Da die Softwareentwicklung rasend schnell vorangeht, können Sie sich nur über fachkundige Lehrer, Zeitschriften und Internet auf dem Laufenden halten.

> ## Tipp
>
> Die Arbeit mit dem PC ersetzt nicht Ihre ermutigende und lobende Unterstützung. Erkunden Sie gemeinsam mit Ihrem Kind ein neu erworbenes Lern- oder Spielprogramm. Vereinbaren Sie einen Zeitrahmen, der dem Kind zur Verfügung steht, und besprechen Sie Möglichkeiten zur selbstständigen Weiterarbeit.

Empfehlenswerte Software für den PC

Lernprogramme

Die Empfehlungsliste umfasst Einführung, Lautunterscheidung, Rechtschreibregeln, Übungen und Test

GUT 1 (Computer & Lernen, Baden-Baden) Simuliert eine Lernkartei: Lautverbindungen, fehlerträchtige Konsonantenfolgen, Groß- und Kleinschreibung, schwierige Wörter, Wortstämme, Anwendung grundlegender Regeln; kein Editor für eigene Wortdateien

Lesen 2000 Version XXL (zu beziehen bei: Otto Mantler, Wiesstr. 13, A-6844 Altach) Laut-Zeichen-Zuordnung, Wort-Bild-Zuordnung, Satzaufbau, Blitzlesen, Übungen zur Dehnung und Dopplung; einstellbar auf lauttreues Wortmaterial; Übungsprotokoll möglich; kein Editor für eigene Wortdateien

LETTRIS (Pädagogisches Zentrum Hechingen) Ziel ist das Training des Grundwortschatzes, der räumlichen Orientierung, des Kurzzeit- und Wortbildgedächtnisses, des optischen Wahrnehmungstempos sowie der Differenzierung der einzelnen Buchstaben; herabfallende Buchstaben, die evtl. gedreht oder gespiegelt sind, müssen in die richtige Form gebracht und zu vorgegebenen Wörtern zusammengesetzt werden; Schwierigkeitsgrad nach Klassenstufe wählbar, auch für Englisch 5. Klasse; Editor für eigene Wortdateien

UniWort (Eugen Traeger Lernsoftware GmbH, Osnabrück) Universelles Worttraining zur Bearbeitung von Fehlerschwerpunkten (Blitzwort, Fehlbuchstabe, Lesen, Wortdiktat u. a.); große Schrift; Editor für eigene Texte

Wortbaustelle (Eugen Traeger Lernsoftware GmbH, Osnabrück) Neun Unterprogramme zum Training von Vorsilben, Endungen, Satzteilen, Grammatik; Editor für eigene Texte; Spiel für zwei Spieler; alle Programme auch für Übungen mit der englischen Sprache. Leider sind keine Lösungshilfen vorgesehen, das verleitet die Kinder zum Raten und Ausprobieren. Falscheingaben sind unbegrenzt möglich, daher ist ein Einsatz nur sinnvoll, wenn jemand Hilfestellungen geben kann.

Lernspiele

Fürst Marigor und die Tobis (ab 1. Klasse, Cornelsen) Märchenhafte Fantasiewelt, die Lese- und Schreibanlässe integriert; abwechslungsreiche visuelle Darstellung; kleine Rechenaufgaben, Allgemeinwissen, Problemlösen, Wahrnehmung; kontextbezogene Leseanlässe; Schreiben von Buchstaben, Silben und Wörtern; akustische Hilfestellungen und Ratschläge; kein Editor für eigene Wortdateien

Ich lerne lesen 1 und 2 (Duden)
Jeweils vier Spiele mit drei Schwierigkeitsgraden für den auditiven und visuellen Bereich; Erstellung von Arbeitsberichten; Einladungen/Briefpapier können gedruckt werden.

1: Einführung in das ABC; Laut-Zeichen-Zuordnung; Benennen und Ordnen von Buchstaben; 2: Vermittlung von Lesestrategien; Erkennen und Zuordnen von Buchstaben/Wörtern; Aufbau einfacher Sätze

Lokführerin Lilli in der Buchstabenfabrik (Cornelsen) Laut-Zeichen-Zuordnung; Nachschreiben von Buchstaben, Silben und Wörtern; Zusammensetzen von Wörtern und Sätzen

Mit Lalipur in die Schatzkammer (Cornelsen) Wörter lesen und nachschreiben; kein Editor für eigene Wortdateien

ULK (Cornelsen) Abenteuer um ein notgelandetes Raumschiff; einem Roboter werden Fragen gestellt, Anweisungen gegeben, die Antworten müssen gelesen, Wortstamm, Vorsilben, Endungen im Datenspeicher des Raumschiffes ergänzt werden; Karteikasten für besondere Rechtschreibschwierigkeiten; kein Editor für eigene Wortdateien

Software zum Erstellen eigener Texte

Schreiben und Lesen (Medienwerkstatt Mühlacker) Fördert kreatives Schreiben und sinnerfassendes Lesen; Erstellung eigener Leseübungen und „tönender" Geschichten möglich; bekannte Wörter können lautlich abgerufen, neue in den Lautwortschatz eingefügt werden; sehr flexibles Programm

Junior Schreibstudio (Microsoft) Kindgerechtes Textverarbeitungsprogramm zum freien Schreiben mit vielfältigen Gestaltungsmöglichkeiten; leider nicht mehr erhältlich. Am besten aus zweiter Hand erwerben, zum Beispiel im Internet ersteigern.

So macht Spielen Spaß

■ Es gibt Spiele zur Entspannung und reine Lernspiele. Hier sollte klar getrennt werden – kündigen Sie Lernspiele nicht als Entspannungsspiele an.

■ Lassen Sie Ihr Kind ein Spiel möglichst selbst auswählen.

■ Besprechen Sie, wie viel Zeit zum Spielen zur Verfügung steht, damit keine unnötigen Unterbrechungen stattfinden.

■ Frustrationen kennt Ihr Kind zur Genüge, räumen Sie ihm echte Gewinnchancen ein.

■ Die Spielregeln müssen eindeutig, klar formuliert und verständlich sein.

Serviceteil

Die wichtigsten regelhaften Rechtschreibphänomene

Die folgenden Erklärungen sind Merksätze für die wichtigsten und häufigsten Rechtschreibphänomene. Die Ausnahmen können als Lernwörter geübt werden.

Ableitung der Verschlusslaute (b/p, d/t, g/k)

Am Wortende oder vor einem Konsonanten (Mitlaut) kannst du den Unterschied zwischen den harten und weichen Lauten nicht hören.

rund – bunt
er klebt – er hupt
er singt – es sinkt

Für die richtige Schreibweise musst du das Wort so verändern, dass noch ein Vokal (Selbstlaut) folgt.

rund – runder   bunt – bunter
er klebt – kleben   er hupt – hupen
er singt – singen   es sinkt – sinken

Frage dich: Woher kommt das Wort?
Bei Nomen bildest du den Plural (Mehrzahl) oder den Infinitiv (Grundform) des Verbs, das zur Wortfamilie gehört.

Ergebnis – ergeben

Bei Adjektiven bildest du den Komparativ (1. Steigerung) oder den Infinitiv des zugehörigen Verbs.

klug – klüger, leblos – leben

Bei Verben bildest du den Infinitiv (Grundform).

gelegt – legen

Ableitung e/ä, eu/äu

ä kommt von *a*!
Suche also in der Wortfamilie ein Wort mit *a*.

die Fälle – der Fall

kommt von *au*!
Suche also in der Wortfamilie ein Wort mit *au*.

die Mäuse – die Maus

Wenn es kein Wort mit *a/au* gibt,
schreibst du *e/eu*!

die Kreuze – das Kreuz

Die Betonung der Vokale, Umlaute und Diphthonge

Es geht hier um die Vokale *a, e, i, o, u*
und die Umlaute *ä, ö, ü*.
Auf einen lang gesprochenen Vokal folgt im
Wortstamm in der Regel nur ein Konsonant.

Abend   Ofen

Auf einen kurz gesprochenen Vokal folgen im
Wortstamm mindestens zwei Konsonanten.

Apfel   oft

Die Diphthonge (Doppellaute) *au, ei, ai, eu, äu* sind immer lang betont, daher folgt nach ihnen keine Konsonantenverdopplung und, obwohl sie lang betont sind, auch kein Dehnungs-*h*.

Konsonantendopplung

Achte auf den Wortstamm!

verpasst – pass
gefällt – fall

Regel: Hörst du im Wortstamm nach einem kurz gesprochenen Vokal nur einen Konsonanten, musst du diesen Konsonanten verdoppeln.

Am besten gehst du so vor:
1. Wie heißt der Wortstamm oder die Grundform des Wortes?
2. Welcher Vokal ist betont?
3. Ist es ein kurz gesprochener Vokal?
4. Hörst du nach dem kurzen Vokal nur einen
   Konsonanten?

1. geschafft   gehaftet
   -schaff-/schaffen -haft-/haften
2. „a" ist betont   „a" ist betont
3. ja   ja
4. ja (nur „f")   nein („f" + „t")
   geschafft   gehaftet

Dann musst du ihn verdoppeln! Achtung: Die Dopplung von *k* ist *ck* und die Dopplung von *z* ist *tz*.

Dehnungs-i (ie)

1. Teil: Achte auf den Wortstamm!
Regel: Hörst du in der ersten Silbe einen lang gesprochenen *i*-Laut, dann schreibe *ie*!

Biene, Frieden, schielen, zierlich, ziemlich

2. Teil: Die Endungen *-ie, -ier, -ieren* findest du bei Fremdwörtern.
Hörst du ein lang gesprochenes *i* am Wortende, schreibe immer *ie*!

Kopie, Biologie, Fantasie, Chemie, Symphonie ...

Hörst du ein lang gesprochenes *i* nach der ersten Silbe, schreibst du nur dann ein *ie*, wenn direkt danach noch ein *r* zu hören ist!

Beispiele: radieren, kopieren, interessieren, notieren, Radiergummi, Kassierer, Papier, Klavier ...
Gegenbeispiele: Maschine, Gardine, Termin, stabil, Ventil, Detektiv, intensiv, Motiv, Notiz haben kein *r* nach dem *i*-Laut.

Dehnungs-h

1. Für ein Dehnungs-*h* brauchst du einen lang gesprochenen Vokal (*a, e, o, u*) oder einen Umlaut (*ä, ö, ü*) in der ersten Silbe des Wortstamms und
2. musst du einen der folgenden Konsonanten danach hören: *l, m, n* oder *r*.

3. Aber Achtung!!! Kein Dehnungs-*h* nach *au, ei/ai, eu/äu*

Raum, fein, Eule, Zäune

4. Kein Dehnungs-*h*, wenn das Wort am Anfang mehr als einen Konsonanten hat.

Kran, Schule, schnüren, sparen (Ausnahmen: Stuhl, Stahl, stehlen, stöhnen, strahlen, Strähne, empfehlen, Pfahl, Pfuhl, prahlen, dröhnen und Drohne)

5. Kein Dehnungs-*h*, wenn das Wort erst auf der zweiten oder dritten Silbe betont ist.

Kanal, Natur, Melone, Dekor

6. Kein Dehnungs-*h*, wenn das Wort mit *D/d, T/t* oder *P/p* beginnt.
Diese sechs Bedingungen müssen alle erfüllt sein! Sobald eine nicht zutrifft, darfst du kein Dehnungs-*h* schreiben!

Dame, dämlich, Tür, tönen, Puma, pur (Ausnahmen: dehnen, Dohle)

Ableitung s oder ß

Nach einem lang gesprochenen Vokal *a, e, i* (= *ie*), *o, u*, Umlaut (*ä, ö, ü*) oder Doppellaut (*au, ei, eu/äu*) kann ein summendes *s* (stimmhaft) oder ein scharfes *ß* (stimmlos) folgen. Diese beiden Laute kannst du nur dann voneinander unterscheiden, wenn du danach einen Vokal sprichst.

das Maß – die Maße
das Gras – die Gräser
der Fleiß – fleißig

Das heißt, bei vielen Wörtern musst du die Schreibweise ableiten, indem du das Wort mit einem Vokal verlängerst.
Nomen: Bilde den Plural oder suche ein anderes Wort aus der Wortfamilie.

Bilde den Infinitiv.

er reist – reisen
es reißt – reißen

Adjektiv: Bilde den Komparativ.

heiß – heißer
fies – fieser

Ableitung Silben-h

Nach lang gesprochenen Vokalen *a, e, i* (= *ie*), *o, u*, Umlauten (*ä, ö, ü*) und Diphthong (*ei*) musst du manchmal ein *h* schreiben, das du nicht immer hören kannst.

froh, Weihnachten, dreht, Schuh

Dies ist kein Dehnungs-*h*, sondern man nennt es Silben-*h*.
Verändere das Wort so, dass nach dem *h* ein *e* zu hören ist. Sprichst du das Wort jetzt in Silben, dann hörst du das *h*.

froh – froher,
Weihnachten – weihen,
dreht – drehen,
Schuh – Schuhe

Ableitung der Bedeutung

1. Die Vorsilben *end-* oder *ent-* *end-* kommt von Ende und ist im Wort immer betont.	endlos, Endrunde, endlich
ent- ist eine Vorsilbe und bedeutet: weg von, heraus, auseinander; sie ist im Wort immer unbetont.	entkernen, entkräften, entlassen, Entbindung
2. wieder und wider Im Wort *wieder* stecken die Bedeutungen: noch einmal, erneut.	Wiederholung, wiederbringen, Auf Wiedersehen
In dem Wort wider steckt die Bedeutung gegen, entgegen.	widerlich, widerspenstig, widerspiegeln, Widerstand

Nützliche Adressen für Deutschland

Bundesverband Legasthenie e.V. (BVL)
Königstraße 32
30175 Hannover
Telefon 05 11/31 87 38
Fax 05 11/31 87 39
www.legasthenie.net

Landesverbände sind über den Bundesverband Legasthenie zu erfragen.

Berufsverband Deutscher Psychologen e.V.
Heilsbachstr. 22
53123 Bonn 1
Telefon 02 28/64 10 54
www.bdp-verband.org/

Berufsverband Deutscher Diplom-PädagogInnen e.V. (BDDP)
Richard-Wagner-Straße 11-13
28209 Bremen
Telefon 04 21/34 92 24
home.t-online.de/home/
  bddpbremen

Schulpsychologische Dienste im örtlichen Telefonbuch oder über Schule/Schulamt zu erfragen. Hilfreiche Informationen finden Sie im Internet unter www.schulpsychologie.de

Erziehungsberatungsstellen öffentlicher, kirchlicher Träger oder freier Wohlfahrtsverbände finden Sie im örtlichen Telefonbuch. Auskunft gibt auch das örtliche Jugendamt.

LRS-Therapeuten: im Branchenbuch, über Kinderärzte oder Kinder- und Jugendpsychiater, Schulen oder evtl. Jugend-/Gesundheitsämter

Niedergelassene Psychotherapeuten über die Koordinationsstellen der Kassenärztlichen Vereinigungen der einzelnen Bundesländer, unter dem Schlagwort zu finden in den gängigen Suchmaschinen im Internet

Arbeitskreis für Jugendliteratur e.V.
Metzstr. 14
81667 München
Telefon 089/458 08 06
www.bkj.de/akj

Kalbacher Klapperschlange
Lesetipps von Kindern für Kinder
www.kalbacher-klappenschlange.de

Stiftung Lesen
Fischtorplatz 23
55116 Mainz
Telefon 061 31/2 88 90-0
www.stiftung-
lesen.de/index_flash.html

Deutscher Kinderschutzbund-Bundesverband e.V.
Internetredaktion
Schiffgraben 29
30159 Hannover
Telefon 05 11/30 48 5-0
Telefax 05 11/30 48 5-49
E-Mail: info@dksb.de
www.kinderschutzbund.de

Bundeselternrat (BER)
Görresstr. 13
53113 Bonn
Vorsitzende des BER:
Frau Renate Hendricks
Telefon 02 28/26 99-263
Telefax: 02 28/26 99-216
E-Mail: Bundeselternrat@gmx.de
Bundeselternrat@lo-net.de
www.bundeselternrat.de

Internettipp

www.bildungsserver.de
Deutscher Bildungsserver mit Angeboten für Eltern, z.B. Elternverbände, Behörden, Beratungsangebote, Bildungsinformationen:

Nützliche Adressen für Österreich

Österreichischer Bundesverband Legasthenie
c/o Mag. Magda Klein-Strasser
Rosentalgasse 13/11
A-1149 Wien
Telefon 01/9 11 32 770
www.legasthenieverband.at

Bundesministerium für Bildung, Wissenschaft und Kultur
Abteilung V/4 (Schulpsychologie-Bildungsberatung)
Freyung 1
A-1014 Wien
Telefon 01/5 31 20
E-Mail:
schulpsychologie@bmbwk.gv.at
www.bmbwk.gv.at

Landesverband Wien der Elternvereine an den öffentlichen Pflichtschulen
Wipplingerstraße 28
A-1010 Wien
Telefon 01/407 18 99
Telefax 01/406 00 85
E-Mail:
landesverband.wien@wbn.wien.at
www.elternverband-wien.at

Verband der Elternvereine an höheren Schulen Wiens (AHS, BMHS)
Friedlgasse 53/4
A-1190 Wien
Telefon 01/32 82-24
Telefax 01/32 82 31
E-Mail: elternverband@utanet.at
www.elternverband.at
Dachverband der Elternvereine an den höheren und mittleren Schulen

Internettipps

www.elternweb.at
Eine österreichische Webseite mit Hilfen speziell für Eltern

www.elternforum.at
Informations- und Kommunikationsplattform für Eltern

Schulpsychologie-Bildungsberatung Wien
www.magwien.gv.at/ssr/abt5/verz1/index.htm

www.schulpsychologie.at

Nützliche Adressen für die Schweiz

Schweizerische Vereinigung der Elternorganisationen SVEO
Sekretariat
Fliederstraße 9
CH-8908 Hedingen
Telefon 01/7 618 3 23
Telefax 01/7 618 3 42
E-Mail: sveo@rat.ch
www.sveo.rat.ch

Verband SKJP
Schweizerische Vereinigung für Kinder- und Jugendpsychologie
Hauptgasse 35
Postfach 1029
CH-4500 Solothurn
Telefon 0 41/3 26 21 30 30
Telefax 0 41/3 26 21 30 38
E-Mail: info@skjp
www.skjp.ch

Internettipps

www.verband-dyslexie.de

www.schule-elternhaus.ch
Die deutschschweizerische Elternorganisation S&E engagiert sich für eine konstruktive Zusammenarbeit zwischen Eltern, Lehrpersonen und Schulbehörden.

www.schule-online.ch

www.schulnetz.ch